Wenn die Liebe geht

ECON Sachbuch

Von Regina Hamburger bisher im ECON-Verlag erschienen:
1 × 1 des Flirtens (TB 26070)
Aller Liebe Anfang (TB 26118)

Zum Buch

Irgendwann kommt für viele Paare der Punkt, an dem es nicht mehr geht und eine Trennung unvermeidbar ist. Regina Hamburger, eine renommierte Diplom-Psychologin, betrachtet diese Lebenssituationen der Trennung unter den verschiedensten Aspekten. Sie zeigt aber vor allem, was man in dieser Phase der Depression und Einsamkeit tun kann.
Ein Buch, das viele Hilfen bietet für eine der schwierigsten Phasen des Lebens.

Zur Autorin

Regina Hamburger ist Diplom-Psychologin und arbeitet als Psychotherapeutin in eigener Praxis in Düsseldorf. Ihr Hauptinteresse gilt der Beziehung des einzelnen zu sich selbst und zu anderen.

Regina Hamburger

Wenn die Liebe geht

Trennung, Trauer, Neubeginn

ECON Taschenbuch Verlag

Veröffentlicht im ECON Taschenbuch Verlag
Originalausgabe

Umschlaggestaltung: Klaus Blumenberg
Titelabbildung: Tony Stone, Hamburg
Lektorat: Susanne Haffner
Gesetzt aus der Stone, Linotype
Satz: Josefine Urban – KompetenzCenter, Düsseldorf
Druck und Bindearbeiten: Ebner Ulm
Printed in Germany
ISBN 3-612-26213-O

Inhaltsverzeichnis

Einleitung

Trennung – für wen könnte dieses Thema interessant sein? Es ist zwar eines, das jeden Menschen betrifft, weil es ebenso zu unserer Entwicklung gehört wie Bindung oder Lernen und Wachstum. Aber: Das Phänomen Trennung hat »haut-goût«, es stinkt. Wir alle wissen, daß Partnerschaften, Liebesbeziehungen, Ehen oder Lebensgemeinschaften, also intime Beziehungen zwischen zwei Menschen, die auf Dauer angelegt waren, scheitern können. Es kommt vor – ziemlich häufig sogar –, aber eigentlich möchten wir uns nicht so gerne damit beschäftigen. Und wenn es gerade uns trifft, um so schlimmer. Die Gefühle, die uns dann überfallen, möchten wir am liebsten ganz weit nach hinten ins entfernteste Seelenverließ verbannen.

Ich stelle mir vor, daß dieses Thema zum einen für Menschen interessant ist, die mit ihrer Liebesbeziehung, Partnerschaft oder Ehe unzufrieden sind und darüber nachdenken, ob sie sie nicht lieber beenden sollten. Zum anderen denke ich an solche, die getrennt sind und hoffen, Orientierungshilfen und Anregungen dafür zu bekommen, wie sie aus diesem psychologischen Schlamassel herauskommen können. Solchen Menschen möchte ich Mut machen, sich mit der Trennungsproblematik auseinanderzusetzen. Denn aus meiner Sicht ist es in beiden Fällen hilfreich zu wissen, wann eine Trennung – sei es in Form der vorübergehenden Trennung der Partner innerhalb der Beziehung, oder sei es als endgültiges Ende einer Verbindung – unumgänglich ist, und was üblicherweise dabei passieren kann. Indem ich Aspekte des Trennungsprozesses beschreibe, möchte ich eine Art Landkarte skizzieren, die einen Überblick über das zu Erwartende geben soll. Denn das, wovon wir zumindest eine ungefähre Vorstellung haben, läßt sich leichter angehen und ertragen, als wenn wir nur unsere momentane Befindlichkeit sehen. Zur Veranschaulichung dieses Prozesses habe ich gelegentlich auf Fallbeispiele zurückgegriffen, die allerdings so verändert worden sind, daß die Anonymität der Personen gewahrt bleibt.

Wie es heißt, wird heutzutage jede dritte Ehe früher oder später wieder geschieden. Vorsichtige Zeitgenossen kalkulieren dieses Risiko scheinbar ein, indem sie eine Partnerschaft ohne Trauschein eingehen. Vielleicht drückt sich darin eine realistische Einschätzung der Haltbarkeit emotionaler Bindungen in unserer Zeit rasanter Veränderungen aus, in der es schwierig ist, vorherzusehen, wie unsere Entwicklung in persönlicher, beruflicher oder sonstwie für unsere Lebensform relevanter Hinsicht verlaufen wird. Vielleicht verbirgt sich dahinter auch die magische Vorstellung, einer Liebesbeziehung könne durch den Verzicht auf ihre Sanktionierung mehr

Dauer verliehen werden. Oder es ist die Hoffnung, die Beziehung bliebe eher lebendig, wenn man sich des Partners nicht ganz sicher sein kann. Vielleicht wollen Menschen, die es ablehnen zu heiraten, sich und ihrem Partner die hohen emotionalen und wirtschaftlichen Kosten einer Scheidung ersparen, den häßlichen »Rosenkrieg« und das Schmutzige-Wäsche-Waschen in aller Öffentlichkeit.

Unsere gesellschaftliche Realität hat uns die Wahlfreiheit hinsichtlich unserer Lebensform geschenkt und uns zugleich mit der Verantwortung belastet, selber unseres »Glückes Schmied« zu sein. Eine dauerhafte, »eheähnliche« Verbindung wieder zu lösen, ist keine Ausnahme mehr, sondern schon fast eher die Regel. Wir können uns heute nicht mehr wie selbstverständlich darauf verlassen, daß die einmal getroffene Entscheidung für einen Lebenspartner ein für allemal gültig bleibt. Wir sind nicht mehr gezwungen, unglückliche, unsere seelische und körperliche Gesundheit gefährdende Beziehungen auszuhalten. Jeder für sich muß entscheiden, wann »nichts mehr geht«. Dann stehen wir vor der Frage: Müssen wir uns wirklich unwiderruflich trennen oder ist nur eine Veränderung unserer Beziehung notwendig geworden?

Auch wenn es, gesellschaftlich betrachtet, heute leicht ist, sich aus einer belastenden Bindung zu lösen, so ist es doch für unser Seelenleben eine sehr schwierige Aufgabe, die uns mehr oder weniger heftig aus der Bahn werfen kann. Als ich einmal an einem Erwachsenenbildungsinstitut eine Vortragsreihe zum Thema »Trennung« anbot, war ich erstaunt, wie groß die Gruppe sehr unterschiedlicher Menschen war, die sich Anregungen zum Umgang mit diesem Problem erhofften. Zum Teil plagten sie sich schon längere Zeit, manchmal über Jahre hinweg, mit der Bewältigung einer einschneidenden Trennungserfahrung. Die Krise nach dem Ende einer Bindung ist oft auch der Auslöser für eine psychotherapeutische Behandlung, wie ich in meiner Praxis immer wieder feststelle.

Worum es hier gehen soll, ist also die Trennung von einem wichtigen, nahestehenden Liebespartner und damit die Beendigung und Auflösung einer intimen Beziehung, gleichgültig ob heterosexuell oder homosexuell. Ich beziehe mich dabei auf das Modell einer Beziehungsentwicklung, das ich unter anderen Blickwinkeln in meinen Büchern »1 × 1 des Flirtens« und »Aller Liebe Anfang« beschrieben habe.

Kerngedanke dabei ist, daß ich unter Beziehung etwas Lebendiges verstehe, das als Drittes zwei Menschen sozusagen seelisch beherbergt. Es ist eine Art Organismus, der Pflege, Sorgfalt und »Nahrung« braucht, damit er Geborgenheit spenden kann. Dieses Etwas ist nicht automatisch da, wenn sich zwei Menschen in Liebe zusammentun, sondern es entsteht in verschiedenen Entwicklungsstadien, in der die ursprüngliche Beziehungsphantasie sich zu etwas Wirklichem – mit Hand und Fuß, passend zu gerade diesen beiden individuellen Menschen – ausgestaltet.

Mit »Beziehungsphantasie« ist hier, in Anlehnung an Verena Kast (s. Literaturhinweise), die mehr oder weniger bewußte Vorstellung einer Liebesbeziehung gemeint – die Idee, die ihr zugrunde liegt. Besonders deutlich spüren wir ihr Vorhandensein im Zustand der Verliebtheit, wenn nichts Trennendes zwischen uns zu sein scheint, wenn Begrenzendes – etwa eigene Ängste – sich in Luft auflöst und wir in einem göttergleichen Zustand des Jetzt-ist-alles-Möglich glühen. In diesem Zustand trauen wir uns und dem anderen alles Gute und Schöne zu, und wir ahnen, daß eine Welt der Harmonie vor uns liegt. Wir fühlen uns neu belebt, und ungeahnte Kräfte strömen uns zu.

Doch früher oder später müssen wir wieder zur irdischen Wirklichkeit zurückkehren. Es bleibt uns nicht erspart, den anderen als einen realen Menschen kennenzulernen. Und das geht einher mit Irritationen, vorübergehender Ratlosigkeit, Auseinandersetzungen und schließlich Ernüchterung.

In diesem Prozeß wird aus der runden, vollkommen erscheinenden Beziehungsphantasie eine wirkliche Beziehung mit Unregelmäßigkeiten, Ecken und Kanten, mit Fehlern und Schwächen, mit Aspekten, auf die wir bauen können, und solchen, an denen sich mit schöner Regelmäßigkeit unsere Streitereien entzünden, aber auch mit klaren Konturen. Jetzt wissen wir, worauf wir uns verlassen können, erst jetzt kann Vertrauen in unsere Verbindung und zum Partner wachsen. Währenddessen ist aus der Verliebtheit Liebe geworden.

Das klingt ideal, nicht wahr? Ist es auch. Nicht jede Ehe wird im »Himmel geschlossen«, und nicht jedes Paar durchläuft in den ersten ein, zwei Jahren diesen komplizierten Prozeß »erfolgreich«. Das Zusammenwachsen oder der Aufbau des gemeinsamen »Beziehungshauses« kann durch vieles beeinträchtigt und gestört werden. Es erfordert von beiden Partnern sehr viel Mut und Zuversicht, sich als ganzer Mensch darauf einzulassen. Allzuoft schrecken wir davor zurück.

Es kann auch sein, daß sich die Entscheidung, die unter dem Einfluß der Verliebtheit so leicht getroffen wurde, bei der Landung auf dem Boden der Realität als Fehleinschätzung erweist. Deshalb sollte man im Zustand dieser »wünschenswerten Geisteskrankheit« möglichst keine schwerwiegenden Entscheidungen treffen. Vielleicht reichte der Glaube an die Realisierbarkeit des in dieser besonderen Verbindung schlummernden Potentials nicht aus, vielleicht waren wir ein Opfer von Trugbildern oder einer »hormonellen Verirrung«. Es ist aber auch möglich, daß wir etwas Erfreuliches und Vielversprechendes gewonnen haben, obwohl die Realität von unserem Wunschtraum abweicht.

Woran erkenne ich, wann meine Partnerschaft »abgelebt« ist, sich überlebt hat, an ihr natürliches Ende gekommen ist? Gibt es untrügliche Anzeichen dafür, daß nichts mehr zu machen ist und ein Weitermachen nur das kräfteverzehrende Aufrechterhalten eines unbefriedigenden Status quo bedeutet? Ist so etwas wie eine Trennung im Guten möglich? Womit ist üblicherweise bei der Beendigung einer tieferen gefühlsmäßigen Bindung zu rechnen? Wie kann ich die Trennung von einem mir nahestehenden Menschen bewältigen? Welche Hilfsquellen lassen sich finden?

Sicherlich wäre es schöner, wenn das, was »für

immer« geplant und gewollt war, auch »in guten und in schlechten Tagen« haltbar wäre. Wünschenswert wäre es auch, wenn sich notwendige Trennungen wie das Herabfallen eines welken Blattes vom Baum im Spätherbst vollziehen würden. Doch leider erfordert die Auflösung einer engen Liebesbeziehung aktive Mitarbeit und eine gehörige Portion Leidensfähigkeit und Geduld – vor allem mit uns selbst.

»Die Zeit heilt alle Wunden«, »Ich brauche erst mal Abstand«, »Reden wir nicht davon«. Das beste scheint Ablenkung zu sein, irgend etwas Neues tun, »das Leben genießen«, sich in die Arbeit oder ins Abenteuer stürzen. Man hofft, möglichst schnell und nachhaltig darüber hinwegzukommen. Denn Trennung geht einher mit diesem wunden Gefühl, als wäre uns etwas abgeschnitten worden.

Vielleicht kann die folgende Beschreibung einer Abschiedsszene ein Streiflicht auf das seelische Erlebnis von Trennung und Verlust richten.

Ein Schiff liegt im Hafen einer Inselstadt. Es herrscht munteres Gedränge. Waren werden aufgeladen, Passagiere besteigen langsam das Schiff, dazwischen Männer in Uniform, Zollbeamte und Soldaten. Es ist ein strahlend heller Sommermorgen, der einen heißen Tag verspricht. Wir suchen uns einen Platz an Deck unter dem Sonnensegel.

Ganz vorn an der Reling sitzt eine Familie. Die junge Frau verstaut ihre vielen Taschen unter der Bank, das kleine Mädchen schmiegt sich eng an sie. Der kleine Junge ist ganz lebhaft. Aufgeregt zeigt er seinem uniformierten Vater, wie das Wasser sprudelt, als die Schiffsschraube sich zu drehen beginnt. Der Vater erklärt ihm etwas. Der Junge beugt sich vor und guckt sich alles ganz genau an. Dann steht der Vater plötzlich ihm gegenüber am Kai. Rufend setzen sie ihr Gespräch über die Schiffsschraube fort. Das Schiff setzt sich schwerfällig in Bewegung. Kaum merklich löst es sich vom Land und schiebt sich längs der Mole zum Meer.

Der Vater geht langsam neben dem Schiff her. Da plötzlich merkt der Junge, daß sein Vater nicht mit ihnen fahren wird. Er reißt Augen und Mund auf, verharrt einen Augenblick in tonlosem Entsetzen. Dann bricht es aus ihm heraus. Laut ruft er nach dem Vater, während ihm die Tränen in Sturzbächen über das Gesicht laufen. Der Vater lächelt und winkt ihm zu, ruft Tröstendes und Beschwichtigendes. Die Mutter versucht, den Jungen in die Arme zu nehmen; er wehrt sich, zeigt auf den Vater. Die Schwester winkt mit der einen Hand, während sie sich mit der anderen an die Mutter klammert.

Die Eltern tauschen gefaßte Blicke. Wie in Zeitlupe gleitet das Schiff aus dem Hafen. Der Vater ruft der Mutter noch etwas zu, dann bleibt er am Ende der Mole winkend zurück. Unter herzzerreißendem Schluchzen verbirgt der Junge sein Gesicht im Kleid der Mutter. Das Schiff gewinnt rasch an Fahrt, und schnell wird die Kulisse der Burg und der zu ihren Füßen liegenden Mittelmeerstadt kleiner und kleiner.

Trennung – denken wir dann nicht an klare Schnitte, längst notwendig gewordenes Sichlösen, Verlassen von Situationen und Zuständen, die sich überlebt haben, Ballast abwerfen, Hintersichlassen von Nichtweiterführendem? Ist es in unserer Vorstellung nicht eher wie das Wegwerfen alter, ausgetretener, aus der Mode gekommener Schuhe als wie das Verlieren von etwas Liebgewordenem? Oft verbinden wir damit das Gefühl der Erleichterung, eine beschwerliche Last loswerden zu können. So sehen wir es vor allem, wenn ein anderer Mensch uns von seinen Verstrickungen in eine quälerische, unbefriedigende Beziehung erzählt. »Trennt euch doch«, raten wir ihm, »hört auf, diese Beziehungsleiche wieder zum Leben erwecken zu wollen.«

Doch sind wir *selbst* in solch einer Lage, leiden *wir* schon lange unter einer unlebendigen Beziehung wie unter einer Arbeitsstelle, die nur noch öder Trott und Auf-der-Stelle-Treten ist, dann zögern wir und hoffen, daß wir nur eine »Durststrecke« durchqueren müssen, oder wir entwerfen immer wieder neue Strategien, um die verfahrene Situation zu verbessern.

Wir ahnen nämlich, daß selbst die freiwillig und aktiv betriebene Trennung immer auch etwas ist, das uns *geschieht*. Jede Trennung enthält das Element des Plötzlichen: Da widerfährt uns etwas, da treffen uns gefühlsmäßige Konsequenzen, die wir nicht vorausberechnen können. Wir erleben sie erst, wenn wir schon unterwegs sind; manchmal trifft uns ihre Wucht erst Wochen oder Monate nach dem eigentlichen Trennungsschritt. Dann geht es uns wie dem kleinen Jungen, der sich eben noch sicher und geborgen in seinem Alltag fühlte und im nächsten Moment vor der Aufgabe des Abschiednehmens steht.

Wie oft erkennen wir erst, was etwas für uns bedeutete, wenn wir im Begriff sind, es zu verlieren. Eben noch haben wir es als etwas Selbstverständliches hingenommen, dem wir wenig Beachtung schenkten, das uns sogar manchmal lästig war, weil es uns scheinbar daran hinderte, uns unbefangen etwas Neuem, etwa einer verführerischen Beziehung oder einer verlockenden Unternehmung zuzuwenden – da ist es auf einmal nicht mehr da. Jäh reißt der Abgrund des Verlustes vor uns auf, und wir können nichts tun, um die langsam, aber unaufhaltsam sich vergrößernde Kluft zu überwinden. Es gibt kein Zurück. Da ist etwas in Gang gekommen, das sich nicht mehr ungeschehen machen läßt. Noch haben wir keinen klaren Blick auf die sich daraus ergebenden Konsequenzen, wir können sie noch gar nicht erfassen. Fassungsloser Schmerz erfüllt uns. Gut, wenn wir schreien und weinen können, um ihn zum Ausdruck zu bringen.

Der Verlust ist etwas, das wir erleiden müssen. Auch wenn wir selbst es waren, die auf die Trennung gedrängt hatten, bleibt uns dieses Erlebnis – früher oder später – nicht erspart. Wir Menschen unternehmen vieles, um diesen Schmerz zu umgehen. Manch einer richtet sein Leben fast völlig darauf aus: »Das soll mir nicht noch einmal passieren.« Das kann bis zum Verzicht auf jede tiefere Bindung gehen – ob an andere Menschen oder an Ziele. Aus Angst vor dem Berührt-, Getroffen- und Bewegtwerden läßt sich ein solcher Mensch auf nichts mehr näher ein. Die geheime Schutzformel ist: Wer von vornherein auf alles verzichtet, hat nichts mehr zu verlieren.

Trennung

1. Wann geht nichts mehr?

Woran und wann können Partnerschaften besonders leicht scheitern? Was steckt hinter so lapidaren Äußerungen wie: »Wir verstehen uns eben nicht mehr« oder »Wir haben uns auseinandergelebt«?

Aus meiner Erfahrung geraten langdauernde, nahe Beziehungen zwangsläufig hin und wieder an Krisenpunkte, an denen für einen oder auch beide Partner Veränderungen, etwa in der Einstellung oder im Verhalten zueinander, notwendig werden. Das kann zum Beispiel dann der Fall sein, wenn jemand unter allen Umständen an dem Bild festhalten will, das er sich in der Phase der Verliebtheit vom Partner und der Beziehung gemacht hat. Gegen ein näheres Kennenlernen dieses realen Menschen wehrt er sich dann. Oder es stellt sich im Laufe der Zeit heraus, daß die charakterlichen Unterschiede, die eine Weile eine gute Ergänzung zu sein schienen, plötzlich zu Unvereinbarkeiten geworden sind. Aufgaben und Ziele, die der Beziehung Richtung und Zusammenhalt gegeben haben, etwa die Sorge um die Kinder oder der Aufbau eines gemeinsamen Geschäftes, können vollendet und verwirklicht worden sein. Schließlich können auch die Entwicklungsprozesse, denen wir alle unser ganzes Leben lang unterworfen sind, eine Neuordnung unserer Partnerschaft erforderlich machen.

Wenn wir uns verlieben, werfen wir unser ganz persönliches Wunschbild von einem Liebespartner auf einen uns relativ fremden Menschen, der zufällig in einigen Punkten Ähnlichkeit mit unserem Traum-Mann oder unserer Traum-Frau hat. Es kann sein, daß wir darüber hinaus im anderen etwas erahnen, was dieser noch gar nicht entwickelt hat. Es kann aber auch sein, daß wir uns täuschen. Unser schönes, gerundetes Bild kann für den anderen ein hilfreicher Anreiz sein, zu werden, was wir ihm zutrauen. Es kann ihn aber auch überfordern.

In jedem Fall muß das Paar, das sich für eine Weile im »siebten Himmel« wähnte, irgendwann mehr oder weniger unsanft wieder auf dem Boden der Realität landen. Und das bedeutet, daß all die schönen Träume auf ihre Alltagstauglichkeit und Verwirklichung hin überprüft werden müssen. Dabei müssen beide erkennen, daß der andere keine überirdische Lichtgestalt ist, sondern ein Mensch aus Fleisch und Blut; und Menschen haben auch Fehler und Schwächen.

Das Anfangsglück vom wortlosen Verstehen und beflügelnden Nicht-genug-voneinander-Kriegen läßt sich auf die Dauer nicht erhalten. Das Herz klopft dann nicht mehr jedesmal schneller, wenn wir uns am Abend wieder treffen; nicht jede Berührung durch den anderen läßt die Schmetterlinge im Bauch flattern; eine gewisse Sättigung an Aufmerksamkeit dem anderen gegenüber setzt ein: Manchmal stört uns die Frage: »Was denkst du gerade?«, und nicht jederzeit sind wir begierig zu wissen, was dem anderen durch den Kopf geht. Andere Aspekte des eigenen Lebens, auch solche banalen wie eine Fernsehsendung oder ein Buch interessieren uns wieder. Kurz: Das Zusammensein wird zu etwas Vertrautem, und die alle Lebensgeister anregende Hochspannung läßt nach.

An diesem Punkt der Beziehungsentwicklung ist für manche Menschen die Sache vorbei. Diejenigen, die in Liebesbeziehungen vor allem die erotische Bestätigung ihrer selbst als Wunder-Mann oder Wunder-Frau brauchen, suchen an diesem Punkt das Weite, gehen auf Distanz oder »gehen fremd«.

Sie bringen sich allerdings um die Chance, einen Menschen näher kennenzulernen und wirkliche Intimität zu entwickeln. Denn die sanfte Brise nach den belebenden Stürmen der ersten Verliebtheit bringt eine Beruhigung der Sinne mit sich, die es erst ermöglicht, wahrzunehmen, mit wem wir es zu tun haben.

Manches wird uns irritieren: Wie paßt zum Beispiel dieses unterwürfig erscheinende Verhalten »ihrem« Chef gegenüber zu unserem Bild der unerschütterlich zu ihrer Sache stehenden Kämpferin?; wie geht die Tatsache, daß »er« seiner Mutter zum Siebzigsten nur drei Pikkolo schenkt, mit seiner Großzügigkeit zusammen? Manche Seiten des anderen, die wir anfangs so gut wie gar nicht wahrgenommen haben, rücken deutlicher ins Blickfeld: Die charmante Unordentlichkeit im äußeren Erscheinungsbild, etwa die verschiedenfarbigen Strümpfe oder der herabhängende Knopf am Jackett, erweisen sich vielleicht als Anzeichen einer gewissen Lässigkeit in allen Bereichen des Äußeren; die »süße« Schüchternheit entpuppt sich als generelle Neigung zur Unentschlossenheit; und dem Ideenreichtum, der uns so begeistert hat, mangelt es an der Unterstützung durch Ausdauer, um etwas zu verwirklichen.

Manchmal weigern sich Partner beharrlich, bestimmte, das Anfangsbild störende Eigenschaften des anderen als Aspekte seiner Persönlichkeit zu akzeptieren. Statt dessen versuchen sie – erfolglos – mit allen Tricks, dem anderen diese »Untugenden« abzugewöhnen. »Sie lieben diese geistigen Bilder mehr als den wirklichen Partner« stellen George R. Bach und Peter Wyden fest und weisen auf den destruktiven Effekt der daraus resultierenden Streitigkeiten hin. Das als schmerzlich empfundene Nicht-zusammen-Passen von Bild und Wirklichkeit wird dem Partner zur Last gelegt, und seine »Bestrafung« dafür wird wichtiger als die Umwandlung der Beziehung. Sie kämpfen dann *gegen* den Partner, statt *für* die Beziehung.

Tragisch wird es, wenn sie unterstellen, der Partner halte an diesen Seiten fest, bloß um sie zu ärgern. Die Frage: »Kann ich mit dieser Eigenschaft leben?« entscheidet darüber, ob die Beziehung fortgesetzt werden kann oder nicht.

Unterschiede, die in der jeweiligen Persönlichkeit der beiden Partner begründet sind, können manchmal ein gutes »Bindemittel« in einer Partnerschaft sein. Aber sie können auch irgendwann zu einer nicht mehr zu lösenden Bremse in der gemeinsamen Entwicklung werden. So ist ein eher ängstlicher, sensibler, vielleicht auch etwas selbstunsicherer Mensch auf der Suche nach einem Partner, der ihm Schutz, Sicherheit und Halt geben kann. Diese Sicherheit kann zum Beispiel ein selbstbewußter Mensch mit einer Neigung zu Gründlichkeit, Gewissenhaftigkeit und Zwanghaftigkeit bieten: Bei ihm hat alles seine Ordnung, in seinem Weltbild herrscht Überschaubarkeit. Er ist zuverlässig und gestaltet den Alltag gern mit routinierten Abläufen.

Als Britta und Dirk sich ineinander verliebten, schien es ihnen, als seien sie füreinander bestimmt. Sie war eine 21jährige Studentin, die in den drei Semestern an der Universität immer in irgendwelche mehr oder weniger unglücklichen Liebesgeschichten verwickelt gewesen war, so daß sie vor lauter Aufregung kaum zum Lernen kam. Er war 29 und schon einmal verheiratet gewesen. In seinem Beruf als Marketingleiter hatte er schon festen Boden unter den Füßen und vielversprechende Zukunftsaussichten.

Sie erschien ihm in ihrer gefühlvollen Empfänglichkeit für das, was von anderen Menschen kam, verletzlich und schutzbedürftig. Gerade hatte sie eine herbe Enttäuschung mit einem Kommilitonen erlebt, was sie sehr an sich selbst zweifeln ließ. Dirk wirkte so sicher und zuverlässig, daß sie schnell einwilligte, als er ihr am zweiten Abend vorschlug zusammenzuziehen. Im Laufe der Jahre ihres Zusammenlebens gewann sie an Selbstsicherheit, indem sie von ihm lernte, die sie beunruhigenden Dinge, wie etwa anstehende Prüfungen, geordneter anzugehen.

Nach zwei Jahren heirateten sie. In ihrem Alltag entwickelten sie immer mehr Rituale: Wenn es etwas zu feiern gab oder wenn sie sich belohnen wollten, gingen sie immer in ein bestimmtes italienisches Restaurant; jahrelang fuhren sie in denselben Urlaubsort, wo sie am Strand liegen konnten und sich ihrer Urlaubslektüre widmeten. Aber es gab wenig Berührung mit anderen Menschen, was Britta fehlte, denn sie war gern mit anderen Menschen zusammen und fand schnell Kontakt. Dirk war lieber mit Britta allein in der Freizeit, obwohl er in seiner Firma als »lustiger Vogel« galt, der immer einen frechen Spruch auf Lager hatte und besonders bei den Mitarbeiterinnen hoch im Kurs stand. Wenn Britta abends einmal einen Seminartermin hatte, wurde er unruhig. Er duldete es auch nicht, daß sie sich abends allein mit Freundinnen traf. Das könne sie tagsüber machen, wenn er nicht da sei, meinte er.

Zur Krise kam es, als Britta ihr Examen ablegte und rasch eine Stelle bekam. Ihr Chef hielt viel von ihr und förderte sie, indem er sie mit speziellen Projekten beauftragte. Das machte es oft notwendig, länger in der Firma zu bleiben. Dirk war damit nicht einverstanden. Er reagierte heftig und unterstellte Britta eine Liebesbeziehung mit ihrem Chef. Alle ihre Beteuerungen, daß das nicht stimme, ließ er nicht gelten. Sie hatte sich verändert und für ihn stand fest, daß dahinter nur eine Liebesgeschichte stecken konnte. Er stellte sie vor die Wahl: Entweder sie gab diese Zusatzjobs auf, oder er ließ sich von ihr scheiden. Britta war bestürzt: Wie konnte Dirk sie in solch einen

Konflikt stürzen? War das seine oft beteuerte Liebe? Sie hatte ihm stets in beruflichen Fragen den Rücken gestärkt, hatte ihn zur Kündigung ermutigt, als er in seiner Firma ins Abseits gedrängt wurde, und war bereit gewesen, alle Risiken mit ihm gemeinsam zu tragen. Und jetzt, wo sie solche guten Startbedingungen für ihren Beruf gefunden hatte, wollte er sie daran hindern, die Chance zu ergreifen.
Tatsächlich stand für Dirk Brittas berufliche Entwicklung nicht an erster Stelle seiner Überlegungen. Er mochte es nicht, wenn er sich auf andere einstellen mußte. Sehr schnell befürchtete er dann, in irgendeiner Weise mißbraucht, ausgetrickst oder »übers Ohr gehauen« zu werden. Es ging ihm vor allem um sein Wohlbefinden. Er hatte Britta sowohl wegen ihrer Begeisterungsfähigkeit als auch wegen ihrer Unsicherheit und widerspruchslosen Lenkbarkeit gewählt. Seine Frau sollte attraktiv, intelligent und interessant sein, aber sie sollte ihm keine Schwierigkeiten machen. Bisher hatte sie stets nachgegeben, wenn es Kontroversen gab.

Es können sich auch im Laufe unseres Lebens bestimmte Charakterzüge stärker ausprägen und damit zu unüberbrückbaren Unvereinbarkeiten zwischen zwei Menschen werden – etwa, wenn sich eine gewisse Vorsicht bei Geldausgaben bei einem Partner zum ausgesprochenen Geiz auswächst. Was vielleicht den anderen anfangs als besonders ausgeprägtes Verantwortungs- und Realitätsbewußtsein beeindruckt hat, weil es Ordnung und Überschaubarkeit im gemeinsamen Haushalt sicherstellte, kann sich im Laufe der Jahre als eine generelle Schwierigkeit mit dem Geben, als ein Mangel an Großzügigkeit entpuppen. Dann zeigt sich das ängstliche Haben- und Behaltenwollen nicht nur im Umgang mit Geld und Dingen, sondern auch auf der zwischenmenschlichen Ebene. Solch ein Mensch kann dann stets darauf bedacht sein, ein »besseres Geschäft« zu machen als der andere. Liebe und Aufmerksamkeit, Anerkennung und Bestätigung, Rücksicht auf Wünsche und Bedürfnisse, Nachsicht mit Schwächen und Abneigungen – all das wird dosiert und soll größtmöglichen Gewinn erbringen. Der Geizige hat nicht nur Angst vor einer materiellen Verarmung, sondern auch davor, von anderen »ausgenutzt« zu werden. Seine Einfühlungsfähigkeit in das, was im anderen vorgeht, ist begrenzt und auf den Zweck ausgerichtet, den anderen dazu zu bringen, seine Wünsche zu erfüllen. Fürsorglichkeit, als ein Aspekt von Liebesfähigkeit, kann bei einer solchen Neigung nicht entstehen. Und so kann es in der Beziehung auch nicht zur Entwicklung eines auf beide Partner bezogenen Wir-Gefühls kommen.

Ebenso fatal kann sich aber auch das andere Extrem auswirken, wenn nämlich ein Partner zum unterschiedslosen Geben tendiert. Die rasche Bereitschaft, sofort großzügig alles mit dem anderen zu teilen, gleichgültig, ob es sich um Besitz, Gedanken oder Gefühle handelt, und das Vertrauen, das ohne weiteres verschenkt wird, können Hinweise auf eine »Gebernatur« sein. Aber darin kann sich auch eine Selbstwertproblematik äußern. Vielleicht kann dieser Mensch gar nicht wertschätzen, was er zu geben hat, und steht unter einer Art Zwang, alles auszugeben. Er kann, im wahrsten Sinne des Wortes, nichts für sich behalten.

Auch solch ein Mensch achtet nicht auf die Notwendigkeit zum Austausch. Wo der »Sparsame« ängstlich hortet, verschwendet jener sich und das, was er hat. Menschen mit solch gegensätzlichen Neigungen fühlen sich häufig stark zueinander hingezogen. Wenn es ihnen gelingt, wirkliches Vertrauen zu diesem besonderen Menschen zu entwickeln und sich einander zu öffnen, dann profitieren beide davon, und die Beziehung kann wachsen. Doch wenn derjenige, der »sein letztes Hemd hergibt«, nicht lernt, dafür auch einmal etwas zu fordern und anzunehmen, und wenn der andere sich nicht darauf einlassen kann, daß das Wohl des Partners auch sein eigenes sein kann, dann wird die Trennung irgendwann unvermeidlich sein.

Das Loslassen von etwas für die eigene Lebensgestaltung Wichtigem und Liebgewordenem ist immer schwierig. Nicht nur ein Mensch, auch eine Arbeitsstelle oder eine Wohnung können für uns eine so große Bedeutung gewinnen, daß wir uns schwer damit tun, sie aufzugeben. Aus welchen psychologischen Gründen ist das so? Mir scheint, sehr wichtig ist es dabei, daß wir wissen, wohin wir gehören und was wir zu erwarten haben. Das gibt uns Halt und Sicherheit. Zum Beispiel gibt uns unser Arbeitsplatz eine ganz basale Sicherheit: Wir können mit unserem Einkommen unsere Grundbedürfnisse befriedigen. Die tägliche Routine, das Know-how, mit dem wir unsere Aufgaben erledigen können, das Raster von Arbeits- und Zeitabläufen bieten uns einen Rahmen, in dem wir uns zurechtfinden und gehalten fühlen können.

Enge, dauerhafte Beziehungen eröffnen ebenfalls einen Rahmen, in dem wir unsere sozialen und emotionalen Bedürfnisse unterbringen können – die Bedürfnisse nach Geselligkeit, menschlicher Anteilnahme, Aufmerksamkeit und Interesse, nach Bestätigung, Verständnis, nach Geborgenheit, Zärtlichkeit, nach Lieben und Geliebtwerden. Zu wissen, wohin und zu wem man gehört, bietet Ruhe in dieser Welt, in der ein immer rasanterer Wechsel unsere Umstellungsfähigkeit überstrapaziert. Die intime Beziehung kann wie ein Hafen sein, den wir nach all den Gefahren und Aufregungen des Alltags, des Kontaktes mit der Welt »draußen« anlaufen können. Sie kann aber auch zum Kerker werden, in den wir nach dem »Freigang« zurückkehren müssen.

Weil Veränderung ein beständiger und zuverlässiger Zug unserer inneren und äußeren Welt ist, müssen auch unsere Beziehungen zu anderen Menschen flexible Rahmenbedingungen bereitstellen. Die Ausgangsbedingungen, die für beide Partner mehr oder weniger selbstverständliche Vorstellungen von einer Partnerschaft waren, können sich im Laufe der Zeit dramatisch ändern.

Was wissen wir als junge Menschen am Anfang einer Liebesbeziehung davon, wie wir uns weiterhin entwickeln werden und was wir von einer Partnerschaft erwarten können? Wenn es gutgeht, treffen wir intuitiv die »richtige« Wahl und entscheiden uns für einen Menschen, mit dem wir gemeinsam wachsen und vielleicht sogar zusammenwachsen können. In vielen Fällen wissen wir nicht viel von uns selbst und können auch den anderen schlecht einschätzen. Welche Art von Beziehung wir brauchen und leben können, darüber machen wir uns oft nicht viele Gedanken. Wenn wir diesen begehrten Partner erst »haben«, wird sich die Beziehung schon wie von selbst unseren Wünschen gemäß einstellen.

Diese geheimen Implikationen, also das, was wir für Selbstverständlichkeiten gehalten haben, werden oft erst im nachhinein deutlich. Das können Vorstellungen davon sein, was wir jeweils unter »Liebe« verstehen. (»Wenn mein Mann mich wirklich lieben würde, dann würde er sagen: ›Liebes, fahre erst mal in Urlaub, ich kümmere mich schon um den Hund‹, und er würde mir nicht vorrechnen, wie unser Kontostand ist.«) Das können auch nicht bewußte, aber wirksame Annahmen über den Sinn der Beziehung sein. Wenn wir uns nicht ausdrücklich darüber verständigen, was wir von einer intimen Beziehung erwarten, treten traditionelle Vorstellungen an die Stelle gemeinsamer Absprachen. Dann gehen auch moderne Paare davon aus, daß »er« für die Finanzen zuständig ist und die »große Linie« bestimmt, während »sie« für den Haushalt sorgt und sich leiten läßt, obwohl beide berufstätig sind. Oder die Kindererziehung bleibt der einzige Zweck der Unternehmung Ehe; sind sie aus dem Haus, zerfällt die Gemeinsamkeit.

Alles, was wir tun und die Art von Beziehungen, die wir zu anderen Menschen eingehen, wirkt sich auf unser Bild von uns selbst aus: wenn wir eine Ausbildung absolvieren, wenn wir die Verantwortung für Kinder übernehmen, wenn wir einen bestimmten Beruf ausüben, die Karriereleiter erklimmen oder die Arbeit verlieren. Und wie wir uns selbst sehen, entscheidet darüber, was wir für uns beanspruchen. Das gilt besonders für die Aspekte unserer Person, die noch nicht zum Zuge gekommen sind und auf Entwicklung drängen, also für alles das, was wir als unser Potential verstehen.

Britta aus unserem Beispiel hatte am Anfang ihrer Beziehung zu Dirk ein schlechtes Bild von sich selbst. Nicht zuletzt wegen der vorausgegangenen Enttäuschung war ihr Selbstwertgefühl sehr gering. Sie war Dirk dankbar, daß er sich ihrer annahm und ihr eine verläßliche Partnerschaft anbot. Sie war so froh, jemanden zu haben, der mit ihr leben wollte, daß sie keine großen Ansprüche stellte. Wenn er sie nur weiter studieren ließ, wollte sie sich in allen anderen Angelegenheiten – wie sie wohnten, wie sie die Freizeit verbrachten, wohin sie in Urlaub fuhren – nach seinen Vorstellungen richten. Sie paßte sich ihm an, und ihre Beziehung wirkte auf Außenstehende sehr harmonisch. Doch ihr Selbstvertrauen wuchs in dem Maße, in dem sie ihre häuslichen und beruflichen Aufgaben erfolgreich löste. Die Bestätigung, die sie an ihrem Arbeitsplatz erfuhr, zeigte ihr, daß etwas in ihr steckte. Und dieses Potential wollte sie weiter entfalten.

Die Krise zeigt den Wendepunkt an, an dem die Rahmenbedingungen neu bestimmt werden müssen. So wie wir, wenn unsere Familie Zuwachs bekommt, eine größere Wohnung suchen müssen, muß in langandauernden Partnerschaften der Beziehungsrahmen immer wieder einmal neu bestimmt werden.

In der Krise stehen zwei Menschen vor dem Ende

und dem Neuanfang. Ist dann genug Substanz in der Beziehung, um diese Umwandlung zu schaffen? Gelingt es, bei der Sache – der Überwindung des alten Rahmens – zu bleiben, oder geben wir dem Partner die »Schuld« daran, daß es jetzt so nicht mehr weitergehen kann?

Da meistens einer von beiden zuerst die Notwendigkeit zur Veränderung wahrnimmt, während der andere noch ganz zufrieden zu sein scheint, besteht die Gefahr, daß der Konflikt personifiziert wird. Dann scheint der eine Partner die Beziehung zerstören zu wollen, während der andere sie zu erhalten versucht. Nicht jeder Mensch ist in der Lage, die Spannung der irritierenden Umbau- und Übergangszeit auszuhalten. Oft mangelt es an Vertrauen darauf, daß die Krise sinnvoll ist und daß der Auseinandersetzungsprozeß schließlich die Chance bietet, gemeinsam einen neuen Rahmen für das Zusammenleben und die Liebe zu finden, der beiden Partnern besser »paßt«. Manche Menschen ziehen diesem Hin und Her einen radikalen Schluß vor – »Lieber ein Ende mit Schrecken, als ein Schrecken ohne Ende.«

2. Bindung und Lösung auf dem Weg zu sich selbst

Die Trennung vom Lebenspartner ist eine der schwierigsten Aufgaben, die auf einen Menschen zukommen kann. Sie ist die Kehrseite der Bindung. Manch einer, den – vielleicht schon sehr früh, als Kind oder sehr junger Mensch – eine Trennung plötzlich und unerwartet getroffen hat, hat sich geschworen, sich nie wieder so tief an einen anderen Menschen zu binden. Dieses Gefühl, ins Bodenlose zu stürzen, oder als ob einem ein Körperteil entrissen worden sei, dieser Schmerz und diese Verzweiflung – all das soll einem nie mehr passieren.

Solche krisenhaften Erfahrungen bieten uns aber auch, gerade weil sie uns so existentiell betreffen, die Chance zur Veränderung. Das bedeutet aber, wir müssen uns dieser Erfahrung aussetzen und es aushalten, daß wir streckenweise ziemlich verwirrt sind und nicht mehr klarsehen, wohin die Reise geht.

Bindung und Trennung gehören zusammen. Wir sind als Menschen ständig in Entwicklungen begriffen: Sowohl körperlich als auch seelisch sind wir Auf- und Abbauprozessen unterworfen. Indem wir die

Aufgabe bewältigen, uns zu binden und uns auch wieder – vorübergehend oder dauerhaft – zu lösen, können wir zu dem Menschen heranreifen, als der wir angelegt sind.

Entwicklung und Wachstum bedeuten nicht ein bloßes Immer-mehr-Werden (auch wenn wir uns das gern so vorstellen), sondern Verwandlung, Veränderung. Dazu gehört es auch, etwas aufgeben, etwas loslassen zu können und Abschied zu nehmen. In mancher Hinsicht können wir das leicht hinnehmen: Da spüren wir vielleicht nur etwas Wehmut, wenn wir unseren Kinderschuhen entwachsen. Wenn wir zum Beispiel das Elternhaus verlassen, schauen wir voller Zuversicht in die neue und strahlende Zukunft. Gegenüber all den Möglichkeiten, die sie für uns bereithält, fällt dann vielleicht der Abschiedsschmerz gar nicht ins Gewicht. Außerdem können die meisten von uns hin und wieder einmal vorübergehend nach Hause zurückkehren.

Um wir selbst zu werden, müssen wir immer wieder zu beidem fähig sein: uns an eine Sache, eine Aufgabe, eine Arbeit, oder einen Menschen zu binden und uns auch wieder zu lösen. Bei vielen Dingen fällt uns das nicht schwer – wer will schon für immer in der Schule bleiben (obwohl es Menschen gibt, die das versuchen). Aber wenn Liebesbeziehungen enden, neigen wir doch eher dazu, das als ein Scheitern, einen Fehler, eine Katastrophe zu betrachten.

Wer wir bis jetzt schon geworden sind, hängt auch davon ab, wie wir die »unvermeidbaren Verluste« bewältigt haben.

Wir sind allein, und jeder muß seinen eigenen

Lebensweg finden. Zugleich sind wir immer wieder auf andere Menschen angewiesen. Als »physiologische Frühgeburt« sind wir anfangs völlig abhängig von der Hilfe anderer; aber mit jedem Lernschritt entfernen wir uns aus dieser Symbiose.

Um unsere Bedürfnisse und Wünsche zu befriedigen, brauchen wir andere Menschen. Wir müssen fähig sein, zu anderen in Beziehung zu treten und uns auf sie einzulassen. Aber wir müssen uns auch von ihnen abgrenzen und wieder trennen können.

Für diese Spannung zwischen Autonomie und Abhängigkeit müssen wir immer wieder neue Lösungen finden. In der intimen Partnerschaft haben wir eine Form gefunden, damit umzugehen. Es gibt nicht *die* Lösung, die für alle Zeiten reicht. Von Zeit zu Zeit muß ein neuer Ausgleich gefunden werden für Eigenes und Gemeinsames. Das kann innerhalb einer Partnerschaft geschehen, wenn es zwischen den beiden zu einer vorübergehenden inneren Trennung kommt und der gemeinsame Bereich sehr schmal wird. Manche Paare gehen auch bewußt auf Distanz, indem sie etwa vorübergehend getrennt leben. Oft ist aber die völlige Trennung und ein Neuanfang jedes einzelnen notwendig.

Die Beobachtungen der Babyforschung zeigen, wie der kleine Mensch lernt, mit dieser Aufgabe fertigzuwerden:

Sobald das Kleinkind etwas »allein«, »selber«, ohne Hilfe tun kann, entfernt es sich einen Schritt weit von seiner Bezugsperson. Es will weg aus der Symbiose. Aber nach kurzer Zeit nimmt es wieder

Kontakt zur Mutter auf, schaut zu ihr hin oder kehrt zu ihr zurück und krabbelt auf ihren Schoß. Es ist, als »tanke« es Energie auf – deshalb nennt man dieses Phänomen *»Refueling«*. Nach einer Weile macht es sich zu einer neuen Expedition auf.

Das ist eine erste Ablösung. Die Entwicklungsforschung zeigt, wie wichtig dabei die *Interaktion* zwischen Mutter und Kind ist: Wie reagiert *sie* auf diese Loslösung? Ist sie gekränkt oder beleidigt, weil sie Angst vor dem Verlust hat? Oder begrüßt sie die Fortschritte des Kindes und kann an der Freude über sein Können Anteil nehmen?

Ihre Haltung und ihr Verhalten sind entscheidend für die Möglichkeit der Wiederannäherung. Freut sie sich, wenn es zurückkehrt und gewährt ihm die Möglichkeit zum Auftanken? Oder zeigt sie ihm strafend die »kalte Schulter«, dafür, daß es sie verlassen hat, um eigene Wege zu gehen? Fühlt sie sich gestört, nachdem sie sich anderen Dingen zugewandt hat, oder ist sie flexibel genug, sich auf das Bedürfnis des Kindes einzustellen?

Das Kind lernt hier etwas Entscheidendes: Ich kann eigene Schritte tun, ohne den anderen Menschen zu verlieren.

Manche Kinder erleben keine Reaktion, bspw. wenn in der Familie ganz andere Dinge wichtig sind. Das Kind muß aber diese Erfahrung auf sich beziehen – »ich bewirke nichts als Gleichgültigkeit oder eine unvorhersehbare Reaktion« (dann kann es sie gar nicht einordnen).

Dies ist kein Versuch, den Müttern wieder alle Schuld zu geben. Die Situation ist nur so: Am Anfang ist der kleine Mensch noch nicht fähig, unterschiedliche, bedeutsame Beziehungen zu mehreren Menschen zu gestalten. Die Entwicklung geht vom Undifferenzierten zum Differenzierten: Symbiose – Paar – Dreieck.

Ob das nun die Mutter ist, der Vater oder eine andere konstante Pflegeperson – wie sich die Interaktion gestaltet, hat Einfluß auf spätere Entwicklungen.

Weshalb trennen sich Partner? Es heißt oft: »Wir verstehen uns nicht mehr« oder »Wir haben uns auseinandergelebt«. Ist beim Sichverstehen und Zusammenleben in der intimen Beziehung nicht vielleicht das wortlose Sichverstehen und schrankenlose Beisammensein der ersten Verliebtheit gemeint, das stark an die symbiotische Beziehung zwischen Säugling und Mutter erinnert?

Wolfgang Schmidbauer weist auf eine dritte Möglichkeit hin, nämlich das »Auftanken«: Die Partner gehen getrennte Wege, jeder hat seine eigenen Interessen, Freunde, seine Arbeit usw., aber es gibt auch Bereiche und Zeiten, in denen sie sich als Paar erleben können.

Warum ist der andere Mensch so wichtig für uns? Wir brauchen einen »Spiegel«, jemanden, der Anteil nimmt, der uns bestätigt, uns korrigiert, an dem wir die Realität überprüfen können. Wir brauchen jemanden, der uns anregt und uns zeigt, daß er uns liebt. Anders gesehen: Wir wollen Wirkungen erzielen – das ist das Lächeln, das wir auf dem Gesicht des anderen hervorrufen, das Lachen, wenn wir etwas Lustiges erzählen; das ist die Antwort auf unser Dasein; wir freuen uns, wenn das, was wir geben, beim anderen ankommt und eine Reaktion hervorruft.

Manche Menschen gehen etwas gewaltsam vor, um Wirkungen zu erzielen, um andere dazu zu bewegen, ihnen bei der Befriedigung ihrer Bedürfnisse behilflich zu sein. Das ist das, was wir als »Manipulation« verstehen.

In Partnerschaften äußert sich das in Machtkämpfen: den anderen zu etwas zwingen wollen, ihn dominieren wollen. Es geht dabei darum, dauerhaft die überlegene Position zu gewinnen, um dann, notfalls gewaltsam, die eigene Bedürfnisbefriedigung sicherzustellen.

Habe ich dagegen Vertrauen in meine eigene Wirkungsweise, dann kann ich dem anderen die Freiheit lassen, das, was ich zu geben habe, anzunehmen und im freien Spiel der gemeinsamen Gestaltung etwas Neues daraus werden zu lassen. Der Unterschied zur Machtposition liegt darin, zu wissen und zu akzeptieren, daß ich nicht immer das bewirke, was ich will – beim anderen muß schon ein gleichgeartetes Interesse vorliegen. Ich werde selbst beeinflußt, bin seiner Wirkung ausgesetzt. Der andere regt mich zu etwas an, er ruft verschiedene Gefühle in mir hervor. Wenn ich offen bin, setze ich mich der Gefahr aus, daß er genausogut schlechte Gefühle in mir hervorrufen kann wie er mir Freude machen kann.

Wie auch immer die Wechselwirkung zwischen uns gewesen sein mag, ob manipulativ oder offen, wir sind mit einem anderen Menschen verwickelt gewesen. Und manchmal scheint es so, als wüßten wir selbst nicht mehr, was wir brauchen, wollen und uns wünschen. Dann möchten wir erst einmal Abstand gewinnen und zu uns selbst finden. Dabei besteht die Gefahr, in der Krise steckenzubleiben, *nicht* hindurchzugehen, und sich *nicht* zu verändern.

C. G. Jung setzt in seinem Aufsatz »Die Ehe als psychologische Beziehung« (s. Literaturhinweis) die Entwicklung der Ehe in Beziehung zur Individuation des einzelnen. Den Individuationsprozeß können wir uns als Vorgang vorstellen, in dem der einzelne sich seiner selbst immer mehr bewußt wird und dabei die verschiedenen Aspekte seiner Person in ein Ganzes integriert. C. G. Jung macht darauf aufmerksam, daß sowohl das unterschiedliche Tempo in der persönlichen Entwicklung als auch der »unterschiedliche Umfang der geistigen Persönlichkeit« zu den typischen Auslösern von Ehekrisen und Trennungen gehören.

Die Aufgabe, in uns selbst »ganz« und »heil« zu werden, stellt sich den meisten Menschen erst in der zweiten Lebenshälfte, wenn wir in unseren äußeren Bedingungen – Eingehen einer dauerhaften Beziehung, eventuell Familiengründung, berufliche Etablierung usw. – zu einer gewissen Stabilität gefunden haben. Sich selbst kennenzulernen und als diesen bestimmten Menschen zu akzeptieren, mit diesen besonderen Stärken, Eigenarten, Unvollkommenheiten und Neigungen – diese Aufgabe ist für den einen leichter zu lösen als für den anderen.

Wir unterscheiden uns hinsichtlich der Komplexität unserer Charakterzüge. Wo es dem einen relativ leicht fällt, seinen Frieden mit sich zu machen und zu einer Einheit in sich zu finden, sieht sich der andere mit einer Vielfalt widersprüchlicher Facetten seiner Person konfrontiert.

In einer Partnerschaft zwischen zwei solch unterschiedlichen Menschen fühlt sich vielleicht der weniger komplizierte sehr zu dem »labyrinthischen« Wesen des anderen hingezogen. Er ist fasziniert von dem Erlebnisreichtum, den er ihm vermittelt. Umgekehrt hofft der von seinen inneren Widersprüchen umgetriebene Partner, im anderen einen Ruhepol zu haben. Diese Konstellation kann funktionieren, solange der innere Konflikt des Komplizierteren von beiden ihm selbst nicht bewußt wird.

»Die einfache Natur wirkt auf den Komplizierten
wie ein zu kleines Zimmer, das ihm nicht genug Raum gewährt.
Die komplizierte Natur dagegen gibt dem Einfacheren
zu viele Zimmer mit zuviel Raum, so daß er nie so recht weiß,
wohin er eigentlich gehört.«

C. G. Jung (Grundwerk Bd. 9)

Doch wenn die Selbstwerdung auf dem Plan steht, wird die Sehnsucht nach Einheit stärker. Sie äußert sich vielleicht in dem Wunsch nach einem Partner, der ihm in seinem Facettenreichtum ähnelt und ihn versteht, wodurch er sich Einheit und Ungeteiltsein verspricht. Der weniger komplizierte Partner versucht dann womöglich, diese Wünsche als kindisch abzuwerten und seine einfachere Sicht der Beziehung durchzusetzen. Läßt sich der andere nicht davon überzeugen, sondern glaubt an die innere Berechtigung seiner Sehnsucht, dann wird er sich auf den Weg zu sich selbst machen.

Anna, eine 36jährige verheiratete Germanistin versucht, sich in ihrem Tagebuch damit auseinanderzusetzen.

»Ich bin mir selbst sonderbar«, schreibt sie. »Hin und wieder gerate ich in der letzten Zeit in Zustände, die ich körperlich als eine Art Schwindel erlebe. Ich nehme an, daß es sich nicht um körperlich verursachte Zustände handelt, da sie sich stets in Verbindung mit Seelischem einstellen – etwa beim Lesen der Beschreibung einer Verwandlung in Hesses ›Demian‹. Das, was ich mit ›Seelischem‹ meine, ist so ein probeweises, d.h. in Gedanken stattfindendes, Heraustreten aus dem Bekannten. Es hat etwas mit Loslassen zu tun. Ich weiß, daß ich Altes loslassen muß, bevor Neues eintreten kann. Aber dieser Augenblick dazwischen, wenn die Gefahr besteht, abzustürzen oder weggeweht zu werden in eine unendliche Umlaufbahn, ist etwas, das mir angst macht und zugleich eine ungeheure Faszination für mich hat.

Das, was ich als Sehnsucht spüre, kann auf Verschiedenes hinauslaufen. Ich versuche, mit diesem Drängen vorsichtig umzugehen, d.h. in gewisser Weise lasse ich es zu – wobei mir allerdings nicht klar ist, ob ich darüber wirklich verfüge oder ob es einfach so stark ist, daß alle meine Versuche, es niederzukämpfen, fruchtlos bleiben.

Irgendwie ist bei mir der ›Liebeskomplex‹ in Bewegung geraten. Ich sehne mich danach, wieder mal so richtig verliebt zu sein. Es wundert mich sehr, daß diese Sehnsucht sich um Svens Gestalt kristallisiert.«

In dieser Zeit träumte sie mehrmals sehr intensiv von diesem Liebespartner, den sie vor zehn Jahren verlassen hatte. Die Träume berührten sie stark, und sie hatte das Gefühl, sie enthielten einen Hinweis auf eine innere Veränderung. Sie sah sich in der Beziehung zu ihrem Ehemann Hartmut nach acht Jahren harmonischen Zusammenlebens in eine Flaute gekommen.

»An die Sehnsucht haben sich romantische ›Spinnereien‹ um so etwas wie ›wahre‹ oder ›ewige Liebe‹ angeschlossen. Diese Spinnereien drehen sich um ein Auftauchen von Erinnerungen. Sie haben aber andere Vorzeichen oder Begleitgefühle als die, an die ich mich bisher erinnert habe. Sie sind verbunden mit einer Art süßem Schmerz. Manchmal nehmen sie auch die Tönung von Trauer über Verlorenes an. Hin und wieder gebe ich mich solchen Phantastereien hin. Doch meine bewußte Haltung ist skeptisch. Vor allem bin ich vorsichtig, weil dieser Gefühlsumschwung sich sozusagen hermetisch in mir ergeben hat. Bin ich nicht vielleicht nur in die Faszination eines Bildes geraten? Nichtsdestotrotz vermitteln mir die Phantasien eine Hoffnung, daß alles noch mal anders kommen könnte. Das gibt mir neue Kraft.

Ich versuche, diese Kraft für etwas Konstruktives zu nutzen, nämlich, die Struktur unserer Beziehung zu ändern. Es geht darum, daß ich es möglich machen will, etwas zu tun, was Hartmut nicht überblicken kann. Das heißt, ich möchte mich auf etwas einlassen können, ohne vorher alles zu analysieren. Hartmut glaubt, ich verheimliche ihm etwas, wenn ich sage, ich wisse nicht, warum ich mich mit einem ›früheren

Geliebten‹ – wie er sich ausdrückt – treffen möchte. In gewisser Weise hat er recht. Auf eine Art möchte ich überprüfen, ob diese Träume irgend etwas mit der Wirklichkeit zu tun haben. Im Grunde halte ich es für unwahrscheinlich, daß Sven und ich uns wieder ineinander verlieben und daß sich entsprechende Konsequenzen ergeben. Ich vermute, daß es um etwas anderes geht, was ich mir aber nicht vorstellen kann.

Vielleicht ist das der infantile Kern in mir, der sagt: ›So nüchtern darf das Leben doch nicht sein.‹ Diesem ungebärdigen Kind steht aber eine erwachsene Person gegenüber, die sagt: ›Mach dich doch nicht lächerlich. Versuche, das Beste aus dem zu machen, was du hast. Gestalte den Platz, an dem du stehst. Denn der ist besser als gar keiner. Greife nicht nach Hirngespinsten, nach kindlichen Träumereien, sonst verspielst du, was du hast, und bekommst auch noch den Spott der anderen.‹ Aber es gibt auch eine in mir, die die Probe machen will.«

3. Angst vor Veränderung

»Wir haben Angst loszulassen, wir haben Angst, wirklich zu leben, weil leben lernen loslassen lernen *bedeutet. Es liegt eine tragische Komik in unserem krampfhaften Festhalten: Es ist nicht nur vergeblich, sondern es beschert uns genau den Schmerz, den wir um jeden Preis vermeiden wollen.«*

Sogyal Rinpoche

Wenn Trennungen so weh tun, wie kann man sich so etwas nur antun? Ich glaube, die Menschen, die sich wirklich einmal auf eine enge Bindung an einen Partner eingelassen haben, zögern lange, bis sie die Notwendigkeit eines Endes ins Auge fassen. Insbesondere treue und gewissenhafte Naturen halten ausdauernd an einer einmal geschlossenen Verbindung fest und ziehen eine Trennung erst in Erwägung, wenn der Ist-Zustand unerträglich, vielleicht sogar quälend geworden ist.

Vera, eine 32jährige Verwaltungsangestellte, ist seit vier Jahren mit Horst zusammen. Sie lernte ihn als Dozenten bei einem Weiterbildungsseminar kennen. Er war acht Jahre älter als sie und trug in dem Unternehmen, für das er arbeitete, viel Verantwortung. Es schmeichelte ihr, daß er sich für sie interessierte; aber sie zögerte, seinem Werben nachzugeben, weil sie wußte, daß er verheiratet war und Kinder hatte. Horst blieb beharrlich und überzeugte sie davon, daß seine Ehe schon seit Jahren hoffnungslos zerrüttet sei. Sie hatten eine wunderschöne Woche in dem Tagungshaus am See. Alles war neu und frisch für die beiden, und sie erlebten den Zauber des Vorfrühlings wie die Begleitmusik ihrer Begegnung.

Verändert, gestärkt und mit neu gewonnenem Optimismus kehrte jeder in seine Heimatstadt zurück. Horst wollte sich von seiner Frau trennen und zu Vera ziehen. Aber bis er in ihrer Stadt eine passende Position gefunden haben würde, wollte er den Status quo noch erhalten – wegen der Kinder.

Immer wieder fand er Gelegenheit, die 80 Kilometer zu ihr herüberzubrausen. Manchmal trafen sie sich auch auf halber Strecke im Wochenendhaus seiner Freunde. Vera genoß das Zusammensein mit ihm jedesmal. Es war wie ein Nachhausekommen für sie. Sie sah es ein, daß solch eine große Liebe Opfer verlangt, als Horst auch nach acht Monaten noch keinen Termin für seinen Umzug nennen konnte. Er war zur Zeit noch an einem Entwicklungsprojekt für seine Firma beteiligt und konnte nicht einfach alles im Stich lassen.

Nach einem besonders intensiven Wochenende überraschte er Vera mit dem Vorschlag, im Laufe der Woche bei ihr einzuziehen. Er wolle nicht mehr auf ihre ständige Gegenwart verzichten, erklärte er. Mit seinem schnellen Wagen sei die Entfernung zu seinem Arbeitsplatz eigentlich kein Problem. Vera war wie vor den Kopf geschlagen, sprachlos. Erst auf der Heimfahrt löste sich die Spannung in ihr, und sie sang im Auto, während sie schon überlegte, wie sie ihre Wohnung umräumen könnte.

Am Mittwochmorgen kam dann der Anruf über ihr Diensttelefon: Ein ganz kalter Horst teilte ihr knapp mit, er könne nicht zu ihr kommen, es sei aus zwischen ihnen. Vera hatte das Gefühl, sie sause in einen dunklen, bodenlosen Abgrund. Sie bekam keine Luft mehr; je mehr sie atmete, desto schlimmer wurde es. Ihre Finger verkrampften sich, sie verlor die Kontrolle über ihre Muskeln. Die Kollegen riefen den Notarzt, und sie wurde in die Klinik gebracht.

Sobald es ihr wieder besserging, wußte sie nur eines: Sie mußte noch einmal mit Horst sprechen. Sie rief ihn in seinem Büro an. So schnell er konnte, kam er zu ihr ins Krankenhaus. Bestürzt über ihre Reaktion schloß er sie in seine Arme und bat sie um Verzeihung. Er habe keinen anderen Ausweg gesehen. Er liebe auch seine Kinder und könne sie nicht verlassen. Wenn er seiner Frau jetzt sage, daß da eine andere Frau sei, werde sie ihm die Kinder mit Sicherheit entziehen. Sie beschlossen, alles beim alten zu lassen, vorläufig jedenfalls.

Das geht nun schon seit vier Jahren so. Es hat in der Zwischenzeit noch dreimal solche Anläufe zum Zusammenziehen gegeben. Jedesmal zog Horst kurz vorher die Notbremse. Mittlerweile weiß seine Frau, daß er eine Geliebte hat. Sie hat Vera angerufen, hat sie beschimpft und ihr gesagt, daß sie sich auf keinen Fall scheiden lassen will. Horst ist eine Weile vorsichtiger geworden und hat Vera nur alle paar Wochen besucht.

Vera ist mit der Situation zunehmend unzufrieden. Sie möchte keinen »Teilzeitmann«, sondern das gemeinsame Leben mit Horst, das sie sich so oft schon zusammen ausgemalt haben. Ihr ist klar, daß sie eine Entscheidung treffen muß. Aber sie hat Angst vor der möglichen Konsequenz, sich von Horst trennen zu müssen. Die vielen Stunden und Tage der Sehnsucht nach Horst sind ihr lieber als die Aussicht darauf, daß da keiner mehr ist, an den sie liebevoll denken und auf dessen Kommen sie hoffen kann. Sie versucht, sich mit dem bißchen Horst zu begnügen, weil sie sich ein Leben ohne ihn nur als dunkle, qualvolle Nacht, als öde, dürre Einsamkeit vorstellen kann.

Manchmal verharren wir in Situationen, die uns seelisch einen hohen Preis für wenig Freude abverlangen, weil uns das Vertraute lieber ist als die Ungewißheit der Veränderung. Auch wenn Vera in dieser Beziehung nicht »satt« werden kann und auf vieles verzichten muß, was eine intime Beziehung bietet, scheut sie sich doch vor einer Entscheidung. Es ist nicht sicher, daß sie Horst verlieren würde, wenn sie ihn vor ein Entweder-Oder stellte. Aber die Entscheidung bedeutete, ihn für einen Moment loszulassen und ihn wählen zu lassen.

Wie es scheint, hat der Wechsel zwischen Augenblicken intensiven Glücks und solchen sehnsuchtsvollen Wartens, in denen sie sich oft verlassen und einsam fühlt, bei ihr zu einer besonders starken Bindung an Horst geführt. Sie ist so sehr verstrickt in das Auf und Ab von Wiedersehensfreude und Abschiedsschmerz, daß sie gar nicht dazu kommt, einmal innezuhalten und abzuwägen, ob er eigentlich der Partner ist, mit dem sie eine intime, dauerhafte Beziehung eingehen möchte. Sie glaubt, sie könne nur eines für ihr Lebensglück tun, nämlich mit aller Macht an diesem Menschen festhalten.

Obwohl sie aufgrund ihrer Erfahrung mit Horst weiß, daß sich mit großer Wahrscheinlichkeit nichts ändern wird, hält sie die Hoffnung aufrecht, er käme eines Tages doch noch ganz zu ihr. Manchmal, wenn sie wieder einmal von ihm enttäuscht worden ist, weil er nicht, wie versprochen, angerufen hat, oder wenn aus einem Treffen nichts geworden ist, schwankt sie in ihrer Überzeugung und stellt sich vor, einfach Schluß zu machen mit ihm. Doch dann plagen sie Zweifel: »Vielleicht muß ich nur noch eine kleine Weile aushalten, dann entscheidet er sich für mich.« Und sie führt sich vor Augen, wie sehr sie sich ärgern würde, wenn er kurz nach ihrer Trennung von zu Hause ausziehen würde. Mit diesen Manövern bleibt alles, wie es ist.

Wenn wir in einer Liebesbeziehung mit solch einer Dramatik stecken, ist es verständlicherweise besonders schwierig, sich die Möglichkeit positiver Alternativen überhaupt vorzustellen. Die Intensität der Begegnung mit einem Partner, der »schwer zu haben« ist, hebt uns in starkem Maße aus dem Alltag heraus. Wenn wir, wieder allein, vollauf damit beschäftigt sind, mit unseren Verlassenheitsgefühlen fertig zu werden, sind wir gar nicht empfänglich für die Wahrnehmung anderer möglicher Partner. Und die Vorstellung, eine Weile ohne Partner zu sein, erscheint uns dann ganz furchtbar, weil wir sie mit dem Zustand zwischen unseren Begegnungen gleichsetzen.

Hier hilft es nur, erst einmal innerlich auf Distanz zu gehen, aus dem Kreislauf herauszutreten. Das ist nicht ganz einfach, aber wenn wir uns klarmachen, daß das Gefühl starker Bindung hierbei in erster Linie eine Folge des Kontrastes zwischen wenigen – und deshalb sehr kostbar erscheinenden – Augenblicken des Zusammenseins und langen »Durststrekken« voller unerfüllter Sehnsucht ist, gewinnen wir etwas Abstand. Hilfreich ist auch die Frage: Weshalb brauche ich gerade jetzt eine Beziehung zu einem oder einer »fernen Geliebten«? Sie kann uns z. B. auf uns selbst zurückführen, während wir ganz besessen sind vom Gedanken an einen Menschen, der so wenig für uns da ist.

Vielleicht ist es ja sinnvoll, in den meisten Fragen des Alltags eine Weile auf sich selbst gestellt zu sein. Ich erlebe oft, daß Menschen, die wegen einer solchen unglückseligen Verstrickung zu mir kommen, mit dieser Frage zu ganz überraschenden Einsichten über sich selbst kommen. Wenn wir dann einmal von der Betrachtung der Beziehung absehen und die Aufmerksamkeit auf das richten, was sonst noch im Leben dieses Menschen los ist, kann es sich herausstellen, daß in anderen Bereichen einiges neu entstanden ist. Da hat eine junge Frau neben ihrem anstrengenden Job im Fernstudium eine weitere Qualifikation erworben, die ihr für die Zukunft neue Möglichkeiten eröffnet. Oder ein Mann, den es vor der Rückkehr in ein leeres Zuhause graust, bleibt länger im Büro. Er widmet sich aus der Not heraus mit mehr Sorgfalt seiner Arbeit, was früher oder später Früchte trägt. Ein anderer, der sich bisher nur für Naturwissenschaftliches und Technisches interessierte, hat versuchsweise einen Psychologiekursus an der Volkshochschule belegt und findet dort einen neuen Zugang zu sich selbst und seinen Problemen. Oder jemand entdeckt im Malen, Schreiben oder Tanzen Möglichkeiten, sich auszudrücken. Plötzlich stellt sich heraus, daß das, was zunächst nur der Ablenkung von der schmerzlichen Sehnsucht dienen sollte, einen Eigenwert als zuverlässige Quelle der Befriedigung gewonnen hat.

Angesichts der Frage, ob es jetzt Zeit für eine Trennung ist, stehen wir der Angst vor dem Verlust und der Angst vor dem Neuen gegenüber. Wir wissen vielleicht, daß wir mit der Beziehung längst an ein Ende gekommen sind, aber dennoch schrecken wir vor den Konsequenzen zurück.

Gleichgültig, wie bedrückend das Zusammensein geworden ist, und wie sehr wir uns nach einer Verbesserung der Situation sehnen – in dem Moment, in dem wir ernsthaft an Trennung denken, wird uns deutlich, daß wir dabei immer auch etwas aufgeben müssen, was wir behalten möchten. Manchmal ist es der Lebensstil, das Haus, die gemeinsame Wohnung, das Familienleben, der Freundeskreis oder das Ansehen als verheirateter Mensch im Kollegen- und Bekanntenkreis. Zu Recht waren wir ja stolz auf die Entscheidung für eine enge Bindung. Denn sich festzulegen und den jugendlichen Schwebezustand vieler Möglichkeiten aufzugeben, hat etwas mit Erwachsenwerden und der Übernahme von Verantwortung zu tun. Eine langjährige Verbindung zu lösen oder sich scheiden zu lassen, kann uns demgegenüber dann wie ein Scheitern oder Versagen erscheinen.

Die Verlustängste sind realistisch, und zwar auf vielen Ebenen. Es ist nicht möglich, nur den Partner aus dem Geflecht von Alltagsritualen, Kontakten zu anderen Menschen, Gewohnheiten, Lebensstil und Lebensstandard herauszulösen, und alles andere beim alten zu lassen. Wenn »sie« das Haus behält und

»er« sich ein Appartement nimmt, oder wenn die Kinder bei »ihm« bleiben und »sie« zu ihrem Freund geht, verlieren beide mehr, als sie loswerden wollten.

In jedem Fall haben wir das Gefühl, derjenige zu sein, der mehr aufgeben muß als der andere. Die Veränderungen unseres materiellen Besitzes bieten oft reichlich Stoff für diese Klage. Tatsächlich sind es auch heute noch meist die Frauen, die in wirtschaftlicher Hinsicht durch eine Scheidung größere Einbußen verzeichnen. Aber wenn Unterhaltsverpflichtungen gegenüber Kindern bestehen, müssen auch die Männer rechnen und sich einschränken. Die Aussicht auf eine Verringerung des Lebensstandards wird häufig als unüberwindliches Hindernis auf dem Weg aus einer schon längst zu eng gewordenen Beziehung gesehen.

Die Erkenntnis, daß das alltägliche Leben nicht so weitergehen kann wie bisher, erschreckt uns. Das Neue, das ja mit Sicherheit entstehen wird, können wir noch nicht überblicken. Wir sehen zunächst nur ein kahles Feld vor uns, wo vorher wenn nicht ein blühender Garten, dann doch ein einigermaßen Frucht tragendes Feld war. Uns fiele eine Trennung wesentlich leichter, wenn wir wüßten, daß wir aus unserem bisherigen Leben gleich in ein voll möbliertes neues umziehen könnten.

»Es gibt eine Redensart, daß man nicht nur niederreißen,
sondern auch wissen müsse aufzubauen,
welche Phrase von gemütlichen und oberflächlichen Leuten
allerwegs angebracht wird, wo ihnen eine sichtende Tätigkeit
unbequem entgegentritt. (...)

Denn man reißt nicht stets nieder, um wieder aufzubauen;
im Gegenteil, man reißt recht mit Fleiß nieder,
um freien Raum für Licht und Luft zu gewinnen,
welche überall sich von selbst einfinden,
wo ein sperrender Gegenstand weggenommen ist.«

Gottfried Keller (Der grüne Heinrich)

Wir fürchten die Leere, weil wir annehmen, daß wir auf ewig Mangel werden leiden müssen. Oft setzen wir Veränderung mit Verschlechterung gleich und die Ungewißheit, was uns die Zukunft bescheren wird, bereitet uns Unbehagen.

Auch bei einer Veränderung innerhalb der Beziehung verlieren wir Vertrautes und Gewohntes, mag es sich auch dabei vielleicht um Illusionen handeln. Die Vorstellung, alles gemeinsam zu tun oder stets einig zu sein, wird zwar immer unrealistischer, je mehr sich zwei Persönlichkeiten ausprägen und sie ihre jeweiligen Aufgaben erfüllen. Dennoch halten wir gern an ihr fest, weil sie uns Sicherheit gibt.

Der Umbau des Beziehungsrahmens erfordert eine Lockerung der Verbindlichkeiten. Das kann zu Enttäuschungen und Ernüchterung führen und in uns die Sorge hervorrufen, was uns denn dann noch zusammenhalten wird. Jeder Mensch braucht aber auch Freiräume, in die hinein er sich entfalten kann. So wie es nicht möglich ist, jederzeit alles, womit wir uns gerade befassen, mit dem Partner zu teilen, kann er auch nicht alle zwischenmenschlichen Bedürfnisse befriedigen.

Es kann sein, daß wir innerlich etwas auf Distanz zu unserem Partner gehen müssen, um uns einer kniffligen beruflichen Aufgabe in aller Ruhe widmen zu können; vielleicht ist es auch nötig, eine berufliche Chance in einer anderen Stadt wahrzunehmen. Es wird sich zeigen, ob unsere Beziehung solche vorübergehenden Trennungen tragen kann.

Können wir den anderen seine Interessen verfolgen lassen, etwa wenn »sie« sich plötzlich mit Yoga beschäftigt, während wir selbst von solchen Dingen gar nichts halten? Können wir zustimmen, wenn »er« mit seiner Kollegin ein gemeinsames Unternehmen gründet, ohne ständig eifersüchtig darüber nachzudenken, daß dieses tägliche Zusammensein und die Arbeit an einem gemeinsamen Projekt auch zu einer erotischen Annäherung führen könnte?

Es gehört sehr viel Vertrauen in die Treue des Partners und in die Tragfähigkeit der Beziehung dazu, ihn in seiner Weiterentwicklung zu unterstützen. Je nachdem, wie stark unser Bedürfnis nach Kontrolle ist, werden wir eher allerhand Gründe ins Feld führen, die vielleicht ganz plausibel sind, aber darauf zielen, ihn oder sie daran zu hindern, sich von uns – wenn auch nur vorübergehend – zu entfernen.

»Wachstum heißt immer Verlust. Verlust von Gewohnheiten, Sicherheiten, Befreiung für das Ungewohnte und Unbekannte.«

James Hillman (Psychologie heute), 12/92, S. 29

Wenn wir uns nicht freiwillig ändern, werden wir durch Ereignisse dazu gezwungen. Dann passieren Dinge, die uns nicht die Wahl lassen, ob wir etwas Altes aufgeben wollen oder nicht; es wird uns dann vielleicht brutal genommen.

4. Vorläufer: Probetrennungen

»Ein Stückchen gingen wir zu zweit
und hatten das Gefühl,
es wäre für die Jahreszeit
um einiges zu kühl.«

Frantz Wittkamp

Die Trennung eines Paares geschieht nicht als ein glatter Schnitt. Vielmehr ist sie ein Prozeß, der nach seiner eigenen Dynamik abläuft. Bei aller Unterschiedlichkeit der daran beteiligten Personen und trotz der Verschiedenheit der jeweiligen Umstände läßt sich doch ein durchgängiges Muster erkennen. Dieses Muster ist für die Beteiligten allerdings zunächst nicht durchschaubar. Sie erleben eher ein Chaos, eine schmerzhafte Unentschlossenheit, ein heftiges Hin und Her, als einen wie auch immer geordneten Ablauf.

Lange Zeit, bevor eine Trennung ernsthaft in Erwägung gezogen wird, stellen sich Anzeichen ein. Das Anfangsglück ist brüchig geworden, kleine Risse zeigen sich im Mauerwerk des gemeinsamen »Beziehungshauses«. Leise und kaum zu bemerken, schleichen sich Unbehagen und Unzufriedenheit ein. Oft werden diese kleinen Schäden nur von einem der beiden wahrgenommen, meist von demjenigen, der vorwiegend für die »inneren« Belange zuständig ist.

Wir spüren, daß etwas »schief«-läuft. Es kann sein, daß sich in Auseinandersetzungen die Fronten verhärten und wir zu keiner gemeinsamen Lösung kommen; oder einer von uns wird immer verschlossener, läßt den anderen an wichtigen Bereichen seines Lebens nicht mehr teilhaben. Plötzlich beginnen uns Eigenarten, Gewohnheiten und »die Art« des anderen zu stören, die wir früher durch die »Weichzeichnerlinse« des liebenden Blickes als leicht zu tolerierende Schwäche oder als liebenswerte Schrulle betrachtet haben.

Vielleicht zeigen sich die Brüche auch darin, daß vertraute Quellen der gemeinsamen Freude versiegen: Der Urlaub, das Reisen bringt uns einander nicht näher, wie sonst immer, sondern wir erleben es als etwas Routiniertes, das uns nicht mehr ergreifen kann. Vielleicht langweilen wir uns sogar miteinander. In Gesellschaft von Freunden und Bekannten fühlen wir uns plötzlich vom anderen durch eine Bemerkung über eine unserer Eigenheiten bloßgestellt; oder der immer gleiche Witz geht uns auf einmal furchtbar auf die Nerven. Oder wir erleben unseren gemeinsamen Alltag zunehmend als Gewohnheit und gleichförmigen Trott.

Immer öfter sind wir müde und erschöpft, schlechte Laune wird zu unserem ständigen Begleiter. Wir fühlen uns traurig und wissen nicht, weshalb. Auch unsere sexuelle Begegnung erstarrt in Routine und verliert mehr und mehr ihre erfrischende, unsere Lebenskräfte aufladende Wirkung. Immer seltener fühlen wir uns zueinander hingezogen, und schließlich schläft dieser Bereich unserer Gemeinsamkeit fast ganz ein. Enttäuschung macht sich breit: »Soll das nun alles gewesen sein?« Wir fragen uns, wo das Rauschhafte und die Lebendigkeit der ersten Zeit geblieben sind.

Unsere Unzufriedenheit kann sich, je nach Temperament, auf unterschiedliche Weise äußern: Während der eine zunehmend ungehalten und gereizt reagiert, wenn wir allein miteinander sind, neigt der andere zum Rückzug, zeigt sich oft nicht ansprechbar. Immer häufiger geraten wir aneinander, und es kommt wegen Nichtigkeiten zu Streitereien, die mit Türenschlagen oder verbittertem Schweigen enden. »Dicke Luft« vergiftet die häusliche Atmosphäre, was zur Folge haben kann, daß der eine oder der andere das Nachhausekommen scheut. Draußen wird nach Nebenschauplätzen gesucht: Die eine verbringt immer mehr Zeit am Arbeitsplatz, schützt dringende Terminsachen vor; der andere muß »jetzt endlich« etwas für seinen Körper tun und verbringt immer mehr Freizeit im Sportstudio; Kontakte außerhalb werden intensiviert. Manche Paare legen eine Decke aus vielfältigen sozialen Verpflichtungen über die immer größer werdende Kluft zwischen ihnen. Getrennt oder zusammen engagieren sie sich in Vereinen oder entwickeln eine rege Geselligkeit mit Partys, Besuchen und Einladungen von oberflächlichen Bekannten.

Für sich betrachtet, müssen diese Verhaltensweisen und Erlebnisse nicht unbedingt Anzeichen einer bevorstehenden Trennung sein. Aber wenn all diese Aktivitäten dazu dienen, der Auseinandersetzung mit der Unzufriedenheit in der Partnerschaft auszuweichen, sind sie es. Entscheidend ist, ob wir miteinander im Gespräch bleiben, uns mitteilen können, wo wir stehen und womit wir momentan beschäftigt sind. Dann können die Ausflüge des einzelnen in andere Bezüge und Welten zu einer Bereicherung des Paares werden. Und die »Sendepause« zwischen beiden kann der Erholung von allzuviel Nähe dienen.

Es gilt, die Grenzen des Beziehungsspielraums realistisch einzuschätzen und abzuwägen, ob das uns Verbindende genug Substanz hat, um uns eine Dürreperiode in unserem Zusammenspiel überstehen zu lassen. Doch wenn die Annäherung nicht mehr gelingt, vergrößert sich unweigerlich der Abstand zwischen uns. Dieses Sich-voneinander-Entfernen geschieht ohne unser Zutun.

Zuerst wollen wir es nicht wahrhaben, denn es stört unsere Sicherheit. Doch mehr und mehr müssen wir erkennen, daß etwas in Bewegung gekommen ist, das sich nicht aufhalten läßt. Wir sind vielleicht erschreckt und erstaunt, wenn in Gesprächen mit einem vertrauten Menschen, dem wir einmal unser Herz ausgeschüttet haben, das Thema »Trennung« auftaucht. Wir sind zwar unzufrieden, aber so weit wollen wir doch nicht gehen. So leicht wollen wir nicht die Flinte ins Korn werfen.

Vielleicht kommt es dann zu einer Situation, in der der eine oder der andere etwas tun möchte, was den bisherigen Rahmen der Beziehung überschreitet. »Sie« möchte vielleicht mit einer Freundin in Urlaub fahren, oder »er« möchte eine alte Freundin wiedersehen. Es kommt zum Streit, und einer von beiden setzt die Grenze: »Wenn du das tust, ist es aus mit uns.«

Zunächst will keiner von beiden nachgeben. Für den einen geht es um die Hoffnung auf eine Neubelebung durch Lockerung der Beziehungsfesseln; der andere sieht den Bestand der Beziehung in Gefahr. Weil die Notwendigkeit einer Veränderung des Beziehungsrahmens in der Luft liegt und beide das ahnen, gewinnt eine zu anderen Zeiten banale, vielleicht ärgerliche, aber zu beiderseitiger Zufriedenheit zu lösende Angelegenheit eine ungeheure Brisanz. Die Sache bekommt deshalb eine so große Bedeutung, weil für beide die Selbstachtung auf dem Spiel zu stehen scheint. Denn jeder hat sich mit dem Gewicht seiner ganzen Persönlichkeit hinter seine Forderung gestellt.

Die Spannung steigt, und unter günstigen Bedingungen finden sich Freunde, mit denen der heikle Punkt besprochen werden kann. Die wundern sich dann vielleicht, wie man sich über solch eine kleine Sache so aufregen kann. Möglicherweise kommt dann das Gespräch um die tiefer liegenden Ursachen in Gang, und beide können einen neuen Blickwinkel gewinnen.

Häufig sind solche Helfer nicht zur Stelle, oder man scheut sich, andere offiziell ins Vertrauen zu ziehen. Wenn Worte dann nicht weiterführen, werden wahrscheinlich Taten folgen. Derjenige, der für die Erhaltung der alten Form kämpft, kann sich zum Beispiel mit einer »gefährlichen« dritten Person verabreden. Das ruft nun den Widerstand des »Rebellen« hervor: So war das doch nicht gemeint; es sollte um mehr Freiheit in der Beziehung gehen und nicht um sexuelle Freizügigkeit oder um ein Jeder-macht-was-erwill. Es sollte um Veränderung gehen und nicht um Beendigung der Beziehung. Dadurch wird es möglich nachzugeben und von der Forderung abzusehen. »Bitte geh nicht. Ich bleibe auch.«

Aber so recht will die Versöhnung nicht gelingen. Für dieses Mal ist der Konflikt noch einmal zurückgedrängt worden. Es kehrt wieder Ruhe ein, wenn auch eine distanzierte, von beiden wachsam beobachtete. Denn beide spüren, daß das eigentliche Problem noch nicht gelöst ist.

Ein sicheres Zeichen dafür, daß der Trennungsprozeß schon sehr weit fortgeschritten ist, sind die großen Verständigungsschwierigkeiten. Man redet immer öfter aneinander vorbei, gerät dann in Rage, und eine Klärung scheint unmöglich zu sein. Jeder hat das Gefühl, vom anderen absichtlich mißverstanden zu werden – ein Indiz dafür, daß Bilder am Werk sind. Das heißt, jeder macht sich seine Vorstellung davon, was der andere wohl wollen könnte, statt hinzuhören, was der andere sagt.

Wenn wir »unsere Felle wegschwimmen« sehen, ist es schwer, »ruhig Blut zu bewahren« und gelassen bei der Sache zu bleiben. Wo wir früher zu einer rosaroten Sichtweise neigten, wittern wir jetzt überall dunkle Absichten. In unseren nächtlichen Streitereien taucht eine ins Negative verzerrte Beziehungsphantasie auf. Hier wird das Gegenbild, die Kehrseite unseres idealisierten Partnerbildes wirksam, das uns in der Verliebtheitsphase so beglückt hat. Allzu oft befürchten wir, uns würde etwas verlorengehen, wenn wir auf die Veränderungswünsche des Partners eingehen. Plötzlich geht es uns dann »ums Prinzip«, um die Bekundung »Ich lasse mir doch von dir nicht auf der Nase rumtanzen« oder um ein »Konsequentsein«, ein Entweder-Oder von Charakterstärke und -schwäche.

Die Fähigkeit, sich in die Bedürfnisse eines anderen Menschen einzufühlen, ist sehr unterschiedlich verteilt. Deshalb können manche Menschen die Ansprüche, Wünsche und Forderungen eines anderen an sie, auch die eines nahestehenden, nur als Versuch der Machtübernahme interpretieren. Dann steht nicht mehr die Suche nach der bestmöglichen Lösung für beide auf dem Plan, sondern es kämpft jeder für sich.

Bei der Frage, »Hammer oder Amboß« zu sein, scheint jedes Mittel recht. Da wird einem »das Wort im Munde umgedreht«; aus dem Versuch, etwas Bestimmtes vernünftig zu klären, wird eine »Grundsatzdiskussion«, in der nun alle möglichen Verdächtigungen und Unterstellungen geäußert werden, die der Phantasie eines furchtsam um die Vormachtstellung bemühten Menschen zur Verfügung stehen. Leicht wird der einst geliebte Partner dann zur Projektionsfläche für verpönte Wünsche, die in den eigenen Tiefen schlummern. Da unterstellt mitunter ein Mann, der selbst gern in Nachbars Garten räubern würde, seiner Frau die Absicht, ihm hemmungslos »Hörner« aufzusetzen, wo es ihr um den Wunsch ging, ohne ihn ein Konzert zu besuchen.

Oft kommt es im Verlauf des einmal angelaufenen Auflösungsprozesses zu Trennungen auf Probe. Manchmal sind sie das Produkt reiflicher Überlegung, manchmal sind sie eher eine Flucht aus einer bedrückenden Lage. Gelegentlich wird ein Verlassen der gemeinsamen Wohnung auch als Druckmittel eingesetzt, um die eigenen Bedingungen durchzusetzen.

Nach einem heftigen Streit mit ihrem Ehemann hat Gerda, eine 48jährige Hausfrau, so, wie sie war, das Haus verlassen und ist zu ihrer Mutter gefahren. Es war eine kopflose Flucht aus einer unerträglich gewordenen Situation. Ihr Mann Ralph hat sie dann mitten in der Nacht dort angerufen und gefleht, sie möge doch zurückkommen. Schließlich haben sie sich darauf geeinigt, daß sie vorübergehend zu ihrer Freundin Angelika zieht. Sie braucht jetzt erst einmal etwas Ruhe, um Abstand zu den dramatischen Szenen der letzten Wochen zu bekommen.

Ihr liegt viel an ihrer Ehe. Seit 24 Jahren sind sie und Ralph nun schon verheiratet. Aber sie hat es satt, immer nach seiner Pfeife zu tanzen. Er ist ein echter Patriarch in seiner Familie und erwartet von seinen Lieben, daß sie sich anpassen.

Gerda gefiel anfangs seine zielstrebige und entschlossene Art. Er war ein richtiger Mann zum Anlehnen. Doch jetzt, wo die Kinder erwachsen sind, möchte sie sich wieder in ihrem Beruf als Krankenschwester engagieren. Ihre Freundin hatte ihr angeboten, in ihr Unternehmen für ambulante Altenpflege einzusteigen. Ralph ist dagegen; seine Frau soll nicht andere Leute versorgen, und dazu womöglich noch frühmorgens oder am späten Abend, wenn er sie braucht.

Gerda erhofft sich von der vorübergehenden Trennung, daß Ralph einsieht, wie verzweifelt sie in der letzten Zeit in dieser angespannten Situation zu Hause war. Sie wünscht sich ein ruhiges, klärendes Gespräch mit ihm und eine Veränderung ihres gemeinsamen Lebens.

Menschen unterscheiden sich sehr stark hinsichtlich der Fähigkeit, Schwebezustände auszuhalten. Wenn der Umbau einer langdauernden Beziehung ansteht, braucht das Zeit und Geduld. Gerade wenn ein Paar eine lange Zeit scheinbar »reibungslos« funktioniert hat, weil es feste Rollenverteilungen gab oder weil sich ein bestimmtes Verhältnis zueinander und bestimmte Umgangsformen eingeschliffen haben, ist es schwierig, die Beziehung neu zu beleben. Wahrscheinlich ging alles so glatt, weil vieles ausgeschlossen worden ist. Und genau diese brachliegenden Felder müssen wieder aktiviert werden.

Vielleicht hat eine Frau ihre natürliche Kontaktfähigkeit ganz in den Dienst des gemeinsamen Gechäftes gestellt und auf die Pflege nicht zweckgerichteter, persönlicher Beziehungen verzichtet, weil ihr Mann der Ansicht war, Fremden dürfe kein Blick hinter die Fassade gestattet sein. Es könnte sein, daß die Wiederbelebung eines offenen Austauschs mit anderen Menschen auch die Beziehung der beiden wieder in Fluß bringt. Dazu wäre es aber notwendig, daß er ihr Gelegenheit und Zeit läßt, über diesen Umweg wieder zu ihm zurückzukehren.

Margret hat ihren Mann Paul gebeten, für eine Weile auszuziehen. Sie hat gemerkt, daß sie sich in der eigenen Wohnung nicht mehr frei bewegen kann. Dominant, wie Paul nun einmal ist, hat er alles unter Kontrolle.

Ihr ging es im letzten dreiviertel Jahr sehr schlecht. Sie fühlte sich müde, erschöpft, antriebsarm, und ihre Stimmung war meistens bedrückt, fast depressiv. Als Paul für drei Wochen auf einer Dienstreise war, hat sie viel über sie beide nachgedacht. Etwas lockerte sich in ihr und sie hat aus Langeweile angefangen, wieder zu malen. Sie entdeckte, daß da etwas ist, was sie fesseln kann.

Als Paul zurückkehrte, war einer seiner ersten Sätze: »Was soll denn die Unordnung da in der Küchenecke? Diese Farbtöpfe müssen verschwinden.« Sie hatte nicht den Mut gehabt, ihm von ihrer Entdekkung zu erzählen.

Vieles andere war noch hinzugekommen, das ihr die Augen über ihr Verhältnis zueinander geöffnet hatte. Eines stand für sie fest: Es mußte sich etwas ändern in ihrer Ehe, sonst ginge sie vor die Hunde. Versuche, mit ihm über diese Dinge zu sprechen, waren gescheitert. Er hatte sie schon im Ansatz abgewürgt. Ein Einschnitt war notwendig geworden. Sie versprach sich von einer zeitweisen räumlichen Trennung, daß sie beide eine andere Basis finden könnten, um gemeinsam einen Neuanfang zu machen. Er wollte aber von einer Probetrennung nichts wissen und drängte auf eine Scheidung.

Meistens kommt es nach einer ersten Probetrennung noch einmal zu einer Versöhnung. Manchmal sind es äußere Gründe, Umstände, die verhindern, daß es gleich beim ersten Mal zum endgültigen Bruch kommt. Vielleicht stellen vielfältige Abhängigkeiten noch zu große Hürden dar, etwa weil die materiellen Umstände die Führung von zwei Haushalten auf

Dauer nicht erlauben. Oder einer von beiden verliert plötzlich die Arbeit oder wird krank oder man möchte den Kindern noch so lange wie möglich ein komplettes Zuhause erhalten. Sehr wahrscheinlich ist das Hauptmotiv, daß die endgültige Trennung – vielleicht – noch nicht reif war.

5. Neue Verliebtheit als Starthilfe

»Wenn du eine Tasse heißen Tee möchtest, dann mußt du erst deine Tasse ausleeren.«

Chinesisches Sprichwort

Manchmal bleiben wir viel zu lange in einer unglücklichen Beziehung stecken. Vielleicht fehlt es an Mut, unser Geschick selbst in die Hand zu nehmen und noch einmal einen neuen Anfang zu wagen. Die Aussicht, wieder auf die Suche nach einem passenden Partner zu gehen, die Mühen, einen Fremden erst einmal kennenzulernen und noch einmal eine Beziehung aufzubauen, lassen uns vor einer Entscheidung zurückschrecken.

»Welche Chancen habe ich in meinem Alter noch, jemanden zu finden?« fragen wir uns. »Ich sehe weit und breit niemanden, der für mich in Frage käme. Die ›Guten‹ sind ja sowieso längst in festen Händen, und die ungebundenen haben entweder schwerwiegende ›Macken‹ oder sind eingefleischte ›Singles‹, die wahrscheinlich bindungsunfähig sind.« Dann ist da noch das Risiko, die »falsche« Wahl zu treffen und das gleiche traurige Drama mit neuer Besetzung zu wiederholen.

Vielleicht erscheint das Verbindende – das mehr oder weniger große Stück gemeinsamen Lebens, die Familie, das zusammen Aufgebaute: ein Haus, ein

Geschäft, der Freundeskreis, finanzielle Verpflichtungen usw. – als unüberwindliches Hindernis für die Auflösung.

Während sich in unserem Zusammenleben schon lange die Anzeichen für die Zerrüttung des Verhältnisses mehren und immer deutlicher auf das bevorstehende Ende hinweisen, versuchen wir noch immer die Augen davor zu verschließen. In unseren Selbstgesprächen bagatellisieren wir sie und sind bemüht, uns unsere Unzufriedenheit mit beschwichtigenden Argumenten auszureden: »Das ist nun mal so, man muß es nehmen, wie es kommt«, »Man kann nun mal von einer Beziehung nicht alles erwarten« oder »Mach das Beste daraus«. Das klingt realistisch und vernünftig, aber manchmal läßt sich nichts mehr daraus machen.

Und während wir ausharren und uns vorwerfen, daß wir bloß unzufrieden sind, weil wir weltfremde Ansprüche haben, kann es passieren, daß wir immer mehr die Freude am Leben verlieren. Wie graues Winterwetter legen sich Lustlosigkeit, Müdigkeit, Trübsinn und Antriebslosigkeit auf unser Gemüt und breiten sich unmerklich, aber stetig in alle Lebensbereiche aus.

Dann schwindet das Interesse an unseren Hobbys, kein Buch kann uns mehr fesseln, wir mögen noch nicht einmal mehr spazierengehen, beim Sport sind wir auch schon lange nicht mehr gewesen, Fernsehen langweilt uns oder macht uns nervös; und schließlich schleppen wir uns nur noch mühsam zur Arbeit, die längst zur bloßen Pflichterfüllung geworden ist. Wir können uns über nichts mehr so richtig freuen. Erfolge nehmen wir gar nicht mehr als solche wahr; und wenn etwas gelingt, schreiben wir es nicht unserer Leistung zu, sondern halten es für Glück oder Zufall. Mehr und mehr neigen wir zu einer zynischen Betrachtungsweise, vor allem, wenn andere sich für etwas begeistern können. »Wozu überhaupt noch neue Erfahrungen machen, wenn doch sowieso alles schon einmal dagewesen ist und in die dunkle Sackgasse führt, in der wir uns schon so lange befinden?« sagen wir uns mutlos.

So dümpeln wir tagein, tagaus in demselben trüben Gewässer unserer Enttäuschung und Hoffnungslosigkeit.

Aber eines Tages spüren wir wieder etwas. Vielleicht berührt uns ein melancholisches Lied, das wir im Autoradio hören. Oder das Foto eines prächtigen, in vollem Grün stehenden Baumes weckt in uns eine Ahnung von etwas Neuem, das uns ganz entfernt an etwas Bekanntes, eine Stimmung, ein Gefühl, erinnert.

Kaum haben wir es wahrgenommen, ist es schon wieder verschwunden, so wie ein Sonnenstrahl an einem bewölkten Tag uns nur ganz kurz trifft und gleich wieder vom Grau des Himmels verschluckt wird. Aber dieses Erlebnis stellt sich immer wieder einmal ein. Wir entdecken, daß bestimmte Musikstücke es hervorlocken können oder ein Spaziergang am Fluß. Wir fühlen uns zwar immer noch unglücklich, aber die dumpfe Bedrückung weicht manchmal einer leisen, noch unklaren Sehnsucht.

Wir beginnen, die Menschen um uns herum wieder deutlicher wahrzunehmen: »Der neue Kollege ist doch eigentlich ganz attraktiv, ob der wohl verheiratet ist?« »Es ist schon erstaunlich, wie viele hübsche Frauen in diesem Frühjahr die Straßen der Stadt bevölkern.« – usw.

Markus, ein 36jähriger Assistenzarzt, lebte schon eine ganze Weile wie unter einer emotionalen Betondekke. Nichts schien ihn mehr berühren zu können. Er versah seinen schwierigen Dienst auf der Unfallstation gewissenhaft, aber ohne innere Beteiligung. Ihm fehlten in seinem Privatleben schon seit langem erfreuliche Erlebnisse, bei denen er hätte auftanken können. Die Beziehung zu seiner Lebensgefährtin Karla, einer 30jährigen Lehrerin, stagnierte. Die gemeinsame Wohnung war kein Zuhause mehr, sondern eher eine Schlafstelle für ihn. Wenn er und Karla sich zufällig einmal begegneten, krachte es regelmäßig wegen Kleinigkeiten. Jeder hatte seine Arbeit, aber sie sprachen schon lange nicht mehr über ihre Sorgen und Belastungen miteinander.

Seit sechs Jahren waren sie zusammen. Anfangs war alles rosarot gewesen, doch nach zwei Jahren hatte sich Gewohnheit eingeschlichen. Wenn Markus ehrlich war, mußte er sich eingestehen, daß sie nicht besonders gut zueinander paßten. Dennoch hatte Karla vor einem Jahr begonnen, von Heirat zu sprechen. Sie fand, es sei Zeit für sie, denn sie wollte ein Kind. Er konnte sich nicht vorstellen, viele Jahre, wenn nicht sogar ein Leben, mit ihr zu verbringen. Vieles, was ihn beschäftigte, glaubte er, ihr nicht mitteilen zu können. Da war zum Beispiel sein Wunsch, nach seiner Facharztprüfung für einige Zeit in ein Entwicklungsland zu gehen. Karla hatte ganz andere Pläne für ihn; sie sah ihn als Chefarzt einer Universitätsklinik oder als erfolgreichen niedergelassenen Arzt.

Eines Tages kam eine neue junge Ärztin auf die Station. Er beachtete sie nicht weiter, bis ihm auffiel, daß sie öfter anbot, ihm etwas aus der Kantine mitzubringen. Wie zufällig trafen sie sich immer wieder im Pausenraum, um einen Kaffee zu trinken. Sie unterhielt ihn dann mit heiteren Geschichten von ihren beiden Katzen oder berichtete von kleinen komischen Situationen in ihrem sonst eher tragischen Berufsalltag. Einmal, nach einem besonders anstrengenden Nachtdienst, schlug sie vor, zusammen am Flughafen frühstücken zu gehen. Zuerst zögerte er, doch sie meinte: »Nach dieser Nacht heute haben wir uns das verdient.« Als sie sich auf dem Parkplatz trafen, stellte er fest, daß er sie zum ersten Mal in Zivil sah – eine interessante Frau. Beim Frühstück unterhielten sie sich bald über Persönlicheres. Zum erstenmal seit langem öffnete Markus sich wieder ein wenig einem anderen Menschen gegenüber. Yvonne machte es ihm aber auch leicht. Sie hörte ihm teilnehmend zu und verstand so vieles, ohne große Erklärungen. Auf dieses Frühstück folgten rasch andere gemeinsame Unternehmungen, und ehe Markus sich versah, fühlte er sich bis über beide Ohren in Yvonne verliebt. Die monatelange Deprimiertheit schien wie weggeblasen zu sein. Die Perspektiven für die Zukunft taten sich vor ihm auf.

Karla hatte wohl etwas gemerkt, sie wurde immer heftiger bei ihren Streitereien und forderte ihn auf, ihr reinen Wein einzuschenken. Markus wollte mit alldem momentan nichts zu tun haben. Er schwebte wie auf Wolken und genoß die kurzen, aber intensiven Begegnungen mit Yvonne. Er fühlte sich wie eine Pflanze, die fast verdorrt in einer dunklen Zimmerecke gestanden hatte und nun reichlich Wasser und Licht bekam. Er blühte auf.

Gerade die Heimlichkeit ihrer Beziehung erschien ihm wichtig. Er wollte sie schützen vor dem kalten, und, wie er befürchtete, mißgünstigen Blick von Karla. In der letzten Zeit hatte sie nämlich alles, was ihm lieb und wertvoll war, mit schonungsloser Härte in den Fokus ihrer Aufmerksamkeit gezerrt und unter dem Vorwurf »Sieh nur, wie egoistisch du bist« darauf herumgetrampelt. Seine Vorsicht gegenüber einer Entdeckung durch sie führte dazu, daß er sich mit Yvonne nicht mehr in der Öffentlichkeit zeigen wollte. Auch in der Klinik sollte niemand sehen, daß sie zusammengehörten. Er hatte gemurmelt: »Ich will nicht, daß über uns geklatscht wird«, ansonsten aber mit Yvonne nicht über seine Sorge gesprochen. Sie spürte, daß bei aller Offenheit etwas ausgeschlossen war aus ihrem Gespräch, ahnte einen Vorbehalt, weshalb er nicht offen zu ihr stand. Aber sie wagte nicht, ihn danach zu fragen. Er schien weder über den Stand seiner Beziehung zu Karla sprechen zu wollen noch darüber, wie er sich die Zukunft mit ihr, Yvonne, vorstellte. Sie beschloß, abzuwarten und ansonsten ihre eigenen Pläne ohne ihn beizubehalten.

Neue Lieben können wie kühlende Verbände wirken. Aber sie täuschen schließlich nicht darüber hinweg, daß da etwas zuerst heilen muß, bevor eine neue Bindung möglich ist. Anfangs scheint es so zu sein, als hätte man dieses Mal nun endlich den richtigen Partner für die eigene Beziehungsphantasie gefunden. Darauf kann man sich nun konzentrieren. Es ist wie eine Transfusion mit neuer Lebensfreude. Da wird etwas in uns frei. Der Verlust des alten Partners wird gar nicht gespürt – scheinbar. Wir wundern uns zwar darüber, aber dann reden wir uns ein, daß da sowieso schon lange nichts mehr gewesen sei. Haben wir den Trauerprozeß vielleicht gar schon durchlaufen, ohne es zu bemerken?

Eine enge, nahe, dauerhaft angelegte Liebesbeziehung ist ein gemeinsames Werk, das sich aus einer bestimmten Beziehungsphantasie zweier Menschen entwickelt hat. Während es sich durch verschiedene Stadien hindurch in eine wirkliche und wirksame, auf die Realität dieser beiden besonderen Menschen, die wir sind, bezogene Partnerschaft verwandelt hat, haben wir Enttäuschungen unserer Hoffnungen erlebt und Abstriche von unseren Erwartungen machen müssen. Vielleicht hat sich unser Partner doch nicht als der »große«, aufrichtige Charakter erwiesen, für den wir ihn gehalten haben. Auch die Unterstützung unserer Projekte, die er uns anfangs versprochen hatte, ist ausgeblieben oder endete dort, wo es für ihn unbequem zu werden drohte. Oder das geduldige und interessierte Alles-von-uns-wissen-Wollen des Anfangs – als wir dachten: »Endlich eine Frau, die zuhören kann, und der es um mich geht« – ist der Neigung gewichen, uns immer wieder mit den eigenen Schwächen zu konfrontieren.

Manche unserer Wünsche, Erwartungen oder Bedürfnisse haben wir aber vielleicht nicht wirklich aufgegeben, sondern statt dessen im Lauf der Zeit zur unerfüllbaren Illusion erklärt. Wir haben uns eingeredet, daß sie nicht so wichtig sind und daß wir auch ohne ihre Verwirklichung oder Erfüllung existieren können. Das kann zum Beispiel der Wunsch nach einem Kind sein oder das Bedürfnis danach, vom anderen so angenommen zu werden, wie wir nun mal sind. Wir haben sie in den hintersten Winkel unseres Bewußtseins verbannt. Dort warten sie auf die nächste Gelegenheit, zum Zuge zu kommen.

Es ist auch möglich, daß jemand seine Beziehungsphantasie von vornherein für sich behalten hat und auf einer ganz anderen Basis eine verbindliche Partnerschaft eingegangen ist. Manche Ehe wird geschlossen, weil es dazu »langsam mal Zeit ist« und nichts dagegen zu sprechen scheint, den Menschen zu heiraten, mit dem man schon so lange verbandelt ist, oder weil die Umstände das nahelegen. Dann lebt die Beziehungsphantasie vielleicht im Verborgenen oder äußert sich in gelegentlichen heimlichen Verliebtheiten, bis die Kluft zwischen gelebter Realität und Phantasie unerträglich wird.

Wenn sich dann nach einer längeren Zeit der wintergleichen, depressiven Erstarrtheit die Seelenkräfte wieder regen, greifen wir nach dem nächstbesten »Objekt«, das als Projektionsfläche für unsere so lange gefesselten Wünsche und Hoffnungen geeignet erscheint. Seltsamerweise ist der Mensch, von dem wir glauben, er sei uns ganz neu und auf noch nie dagewesene Art begegnet, häufig eine Variante unseres Noch-Partners. Die Ähnlichkeiten müssen dabei nicht groß sein; es kann sich um äußere Entsprechungen handeln, um einen ähnlichen »Typ« von Mann oder Frau, es können auch gewisse Züge im

Verhalten sein. Es ist, als werde unsere alte Beziehungsphantasie wiederbelebt. Die Frage ist, ob diese uns heute, nachdem wir zu dem Menschen geworden sind, der wir jetzt sind, noch weiterführen kann.

Zum Beispiel hatten wir eigentlich schon erkannt, daß die »Pygmalionphantasie« unserer Realität nicht mehr angemessen ist. Wir hatten uns in dieser Art des Verhältnisses, das darin besteht, daß ein älterer, erfahrener Mann in uns sein Geschöpf sieht, schon lange nicht mehr wohl gefühlt. Zwar haben uns seine Orientierungshilfen und Forderungen veranlaßt, etwas aus uns zu machen, aber zunehmend fühlten wir uns durch seine Einflußnahme gegängelt und eingeengt. Und dennoch – in der Wärme der neuen Flamme bieten wir uns als Wachs für die formenden Hände des neuen Geliebten an. Obwohl wir aus dieser Art von Beziehung längst herausgewachsen sind, suchen wir doch wieder einen Partner, der besser als wir selbst wissen soll, was uns guttut. Jetzt wäre es an der Zeit, in die Auseinandersetzung mit einem Ebenbürtigen einzusteigen und selbst unseren Teil der Verantwortung für uns und die Beziehung zu übernehmen. Aber wir zögern vielleicht, Abschied zu nehmen von der Vorstellung, es gäbe für uns da draußen noch einen »Papi«, der uns in jeder Hinsicht überlegen ist und uns an die Hand nehmen kann.

Die neue Verliebtheit hat dann den Charakter einer Regression, eines Rückgriffs auf ein altes Beziehungsmuster, das vertraut ist und schon einmal als befriedigend erlebt wurde.

Aber wir können nicht einfach wieder bei »Null« anfangen. Wir sind nicht mehr der Mensch, der wir damals waren, und weil wir bereits Erfahrungen mit der Verwirklichung dieser Beziehungsphantasie gemacht haben, sind wir nicht mehr so arglos und frei wie beim ersten Mal. Entweder gestalten wir diese Beziehung dann so, daß wir möglichst lange im Nebelhaften bleiben, indem wir verhindern, den anderen wirklich kennenzulernen, oder wir landen schnell wieder auf dem Boden der Tatsachen.

Wenn wir es zum Beispiel mit jemandem zu tun haben, der selbst noch gebunden ist oder der an Beziehungen nur den Anfang schätzt, kann die Illusion des wortlosen Verstehens lange aufrechterhalten bleiben. Dann zeigen wir einander vielleicht nur unser »Sonntagsgesicht«, oder bestimmte Bereiche unseres alltäglichen Lebens bleiben ausgeschlossen. Zwischen unseren seltenen, kurzen und intensiven Begegnungen bleibt dann viel seelischer Raum, um sehnsuchtsvoll unsere Phantasie zu gestalten.

Besteht aber die Möglichkeit, sich wirklich kennenzulernen, weil unser Partner bereit ist, sich zu binden und sich auf solch einen Schwebezustand nicht länger einlassen will, dann müssen wir uns entscheiden. Vielleicht ergreifen wir die Chance, mit diesem Menschen die notwendige Auseinandersetzung zwischen Beziehungsphantasie und -realität durchzustehen. Dazu gehört es dann auch, die alte Beziehung zu beenden. Dann wird es wahrscheinlich turbulent, und die neue Beziehung wird einem ersten Härtetest unterzogen: Kann unser neuer Partner ein Gefährte sein beim Trauerprozeß um das Vergangene – und hält die junge Beziehung das aus?

Vielleicht ziehen wir uns aber auch enttäuscht zurück und suchen nach einem anderen geeigneten

»Objekt«, mit dem wir weiter träumen können. Es kann auch sein, daß wir zu unserem Partner zurückkehren und unter anderen Vorzeichen unsere Beziehung neu beginnen.

Die Notwendigkeit zur Progression läßt sich nicht aufhalten. Die Krise zeigt ja bereits an, daß Veränderung notwendig geworden ist.

Auf Dauer können wir nicht zurück in alte Verhältnisse – jedenfalls nicht ohne den Preis sich verstärkenden Unglücks zu zahlen: von zunehmender Traurigkeit bis hin zu tiefer Depression oder von fortschreitender Selbstunsicherheit bis zu manifesten Angstzuständen.

Die Verliebtheit nach altem Muster, die ich als Regression beschrieben habe, ist dagegen in den meisten Fällen etwas Heilsames und Sinnvolles. Denn sie setzt die Kräfte frei, die uns befähigen, uns dem Wagnis und der Anstrengung einer Trennung vom Alten, Überlebten zu stellen.

6. Schuldgefühle

Wenn ich Menschen in der schwierigen Trennungsphase therapeutisch begleite, mache ich häufig die Beobachtung, daß sie manchmal wochen- oder sogar monatelang zögern, das entscheidende Gespräch mit dem Partner in Angriff zu nehmen. Dabei scheint schon längst klar zu sein, daß die Trennung – ob vorübergehend oder dauerhaft – notwendig geworden ist und angesichts des täglichen zermürbenden Kleinkriegs für alle Beteiligten nur Erleichterung bringen kann.

Amelie, eine 52jährige Sekretärin, war sich nach 27 Jahren Ehe ganz sicher, daß sie ihren Mann Gerd verlassen mußte. Die letzten Jahre hatte sie sich nur noch mit dem Gedanken einigermaßen seelisch über Wasser halten können, daß sie gehen würde, sobald ihre jüngste Tochter mit der Schule fertig wäre. Das war ihr Licht am Ende des Tunnels gewesen, in den sie sich durch ihren zu Alkohol und Gewalttätigkeiten neigenden Ehemann gezwängt fühlte. Ihre Versuche, ihn zu einer Änderung seines sich selbst und den Beziehungen zu seinen Angehörigen gegenüber zerstörerischen Verhaltens zu bewegen, waren gescheitert. Sie hatte seine Launenhaftigkeit, seine unberechtigten Eifersuchtsanfälle und die Demütigung, von ihm geschlagen zu werden, still ertragen, weil sie sich sagte, es werde bald vorbei sein.

Vor anderthalb Jahren hatte ihre Tochter Sabine die Schule abgeschlossen und war in eine andere Stadt gezogen, um dort ihre Lehre zu machen. Wie auch die anderen beiden Kinder kam sie nur selten nach Hause und vermied es dann möglichst, ihrem Vater zu begegnen. »Vater ändert sich nicht«, sagte sie zu Amelie, wenn sie zusammen am Küchentisch saßen. »Du mußt an dich denken. Du gehst kaputt, wenn du das noch länger mitmachst. Ich mache mir Sorgen um dich, so blaß und mager, wie du jetzt aussiehst.« Amelie weinte dann oft, und schließlich versprach sie ihrer Tochter, daß sie den nächsten guten Augenblick nutzen würde, um Gerd ihren Entschluß zur Trennung mitzuteilen. Es gab zwischen seinen regelmäßigen Trinkepisoden nämlich Tage, an denen er verträglicher zu sein schien. Aber wenn dann ein solcher Moment gekommen war, ließ sie ihn verstreichen.

Seit knapp einem Jahr war Amelie bei mir in Therapie. Sie hatte sich dazu entschlossen, als sie merkte, daß sie ihren Vorsatz nicht in die Tat umsetzen konnte. Gab es vielleicht doch noch Möglichkeiten, ihre Ehe zu retten? Wir überlegten noch einmal zusammen, und sie machte einige Versuche, etwas zu verändern. Aber sie mußte erkennen, daß sie das allein nicht schaffen konnte. Es gelang ihr nicht, Gerd zur Mitarbeit zu gewinnen. Er lachte sie höhnisch aus, als sie ihm eine Paartherapie vorschlug, und beschimpfte sie, als sie ihm sagte, daß er ein Opfer der Alkoholkrankheit sei und Hilfe brauche. Da war eine Grenze – ob er nicht mitmachen wollte oder es nicht konnte, spielte dabei keine Rolle.

Ihr war klargeworden, daß nur eine Änderung der ganzen Situation, ein Schaffen neuer Tatsachen, etwas in Bewegung bringen konnte. Sie wollte sich eine eigene Wohnung suchen und traute sich auch zu, allein zu leben. Weshalb tat sie es nicht? Wir kamen darauf, daß sie Schuldgefühle hatte: Sie glaubte, sie dürfe ihren kranken Mann nicht im Stich lassen; sie machte sich Vorwürfe, weil sie nicht früher etwas gegen das übermäßige Trinken ihres Mannes unternommen hatte; sie klagte sich an, daß sie nicht genug Mut gehabt hatte, sich gegen die Übergriffe ihres Mannes zu wehren; sie grübelte über ihren Anteil an der verhängnisvollen Entwicklung ihrer Ehe.

Solche Menschen wie Amelie tun sich besonders schwer mit Trennungen: Für sie ist der Beziehungsbereich genauso wichtig wie der Leistungsbereich. Ihren inneren Reichtum sehen sie auch in tiefen, gefühlsbetonten Bindungen an andere Menschen und nicht nur in ihren Begabungen zu unabhängigen Leistungen. Sie können sich ebenso in der Gestaltung vielfältiger Beziehungen zu verschiedenen Menschen verwirklichen wie in ihren beruflichen Erfolgen. Sie betrachten das Auf und Ab in Beziehungen, das Sich-nahe-Sein und Auf-Distanz-Gehen, das Gelingen und Scheitern von dauerhafter Bindung als eine Sache ihrer persönlichen Fähigkeiten. Das Befinden ihrer Nächsten liegt ihnen genauso am Herzen wie ihr eigenes, mehr noch: oft hängt ihres davon ab. Wenn sie, wie Amelie, auch noch sehr stark dazu neigen, stets die Verantwortung dafür zu übernehmen, was um sie herum geschieht, reagieren sie auf Trennungssituationen mit Schuldgefühlen. Es ist für sie ein persönliches Versagen, wenn eine Verbindung zu Ende geht.

Trennen ist das Gegenteil von Verbinden. Und so wie wir Liebe meist verstehen, zielt sie auf Verbindung, Gemeinsamkeit, Aufeinanderzugehen, Miteinanderteilen, Anteilnehmen, Fürsorglichkeit, Sichzurückstellen-Können hinter die Wünsche und Bedürfnisse eines geliebten anderen. Trennen dagegen hat mit Konfrontation, Sich-einander-gegenüber-Stellen, mit Gegensatz, Zerteilen, Analysieren, Zerstören von Verbindung, mit Abgrenzung, Für-sich-Sein, letzten Endes mit Aggression zu tun.

Immer, wenn wir etwas verändern wollen, müssen wir das, was da ist und was uns liebgeworden ist, in Frage stellen, es sichten und entscheiden, was davon brauchbar ist und was wir über Bord werfen müssen. Dazu brauchen wir den Mut, Altes und Überlebtes zu zerstören.

Gerade in Liebesbeziehungen, in denen unsere »weiblichen« Aspekte – das Verbindende, Pflegende und Erhaltende – angesprochen sind, ruft bereits ein Wirksamwerden der »anderen« Seite, das sich im Analysieren und Zergliedern zeigt, Unbehagen hervor. Den meisten Menschen geht es sehr gegen den Strich, wenn wir »Rechnungen« aufmachen und zum Beispiel untersuchen, was einer in der Beziehung gibt und was er dafür bekommt. »So nüchtern kann man das doch nicht betrachten«, bekomme ich dann oft zu hören, als hätte unsere Vernunft in Liebesangelegenheiten nichts zu suchen.

»Ich habe Angst davor, daß ich meine Entscheidung irgendwann einmal bedauern werde. Und wenn ich dann zurück will, ist alles zerstört«, sagte Amelie, nachdem sie zu ihrer Schwester gezogen war. Sie quälte sich mit Schuldgefühlen, denn sie war der Ansicht, daß eine »anständige« Frau ihren Mann nicht nach 27 Jahren verläßt. Hatte es bei der Hochzeit nicht geheißen »in guten und in schlechten Tagen«? Sie glaubte auch, daß solch ein Verhalten gar nicht passend war für sie, die doch immer um das Wohlergehen ihres Mannes und der Kinder besorgt gewesen war.

Auch aus der Distanz machte sie sich noch Gedanken darum, wie es Gerd zumute sein mochte. Als Weihnachten vor der Tür stand, stellte sie sich vor, wie er einsam unter dem Christbaum sitzen würde, denn die Kinder wollten Heiligabend bei ihr sein.

Immer wieder versuchte sie, gütliche Vereinbarungen zu treffen. So bat sie ihn um finanzielle Unterstützung und war enttäuscht, daß sein Vorschlag weit unter der Summe lag, die ihr, wie sie wußte, zustand. Ihren Standpunkt klar zu äußern und dafür zu kämpfen, erschien ihr unmöglich.

Menschen wie Amelie empfinden Schuldgefühle gegenüber dem anderen wegen ihrer gegen die Verbindung gerichteten Position, aber auch sich selbst gegenüber. Denn es ist ein Akt der Selbstbehauptung, sich aus einer ungünstigen Beziehung zu lösen. Und das erscheint Menschen mit der starken Neigung zu

Bindungen als Ausdruck einer egoistischen Haltung, die sie sich nur schwer zugestehen können. Oft überlassen sie den »Egoismus« den anderen. Darüber ärgern sie sich zwar oft, aber es ermöglicht ihnen, sich selbst nicht durchsetzen zu müssen. Der Partner ist nämlich dann dafür zuständig, gemeinsame Interessen in der Außenwelt zu vertreten.

Wir können auf Dauer nicht nur eine Seite unserer Persönlichkeit ausleben. Um wirklich das eigene Leben leben zu können, müssen auch die Liebevollen und Bindungsfähigen Zugang zu ihrem Aggressionspotential finden und diese Kraft zu kanalisieren lernen. Unzufriedenheit ist ein Anzeichen dafür, daß etwas in unseren Lebensumständen nicht stimmt. Durch sie wird unsere aggressive Seite geweckt. Wenn wir uns damit nicht auseinandersetzen und nichts zur Verbesserung unserer Situation unternehmen, rumort sie im Untergrund. Dann äußert sie sich unkontrolliert in schlechter Stimmung, im Nörgeln und »Meckern« und schließlich in körperlichen Krankheiten.

7. Schluß – Aus – Ende?

Was passiert, wenn wir akzeptiert haben, daß unsere Beziehung, Lebensgemeinschaft, Liebesbeziehung oder Ehe tot ist? Womit ist zu rechnen? Wie können wir damit fertig werden? Wie kommen wir darüber hinweg? Wie geht es weiter, wenn wir die folgenschweren Worte gesprochen haben?

Eva und Wolfgang brachen an einem sonnigen Sonntagnachmittag im April als verheiratetes Paar zu einem Spaziergang auf und kehrten als Getrennte zurück. In den zwei Stunden des Gehens hatten sie das Wesentliche besprochen. Es war, als wäre etwas reif geworden.

Wie fühlten sie sich? Was ging ihnen durch den Kopf? Beide waren seltsam ruhig. Das war's also. Waren da Gefühle? Schmerz? Traurigkeit? Enttäuschung? Wut? – Sie hätten es nicht zu sagen vermocht. Eva beschrieb später, es sei gewesen, als hätte sie ein stark wirkendes Schmerzmittel eingenommen. All die Gefühle, die während ihres Gesprächs angeklungen waren – die Verzweiflung, das Ziehen in der Herzgegend, diese Empfindung, als hätte sie einen Schlag in die Magengrube bekommen –, waren diesem Gar-nichts-mehr-Spüren gewichen. Sie war nicht wie gelähmt, wie betäubt oder wattig im Kopf, sondern – ja, »distanziert« war das richtige Wort dafür.

Ganz ruhig und gefaßt gingen sie nebeneinander her. Vielleicht war der Abstand zwischen ihnen etwas größer als gewöhnlich. Sie stiegen die Treppen zu ihrer – noch – gemeinsamen Wohnung hinauf, und jeder zog sich in sein Zimmer zurück. Eva setzte sich an ihren Schreibtisch, sah aus dem Fenster und lauschte nach innen – nichts, keine Wehmut, kein aufsteigendes Schluchzen, keine Träne. »So einfach kann das also sein«, staunte sie. Die nächsten Schritte lagen klar und deutlich vor ihr: Wolfgang würde für sie in den nächsten Tagen einen gemeinsamen Termin beim Anwalt ausmachen; sie würde sofort nach einer Wohnung suchen und so bald wie möglich ausziehen. Schluß, Schnitt, aus.

Ist es wirklich so einfach, sich zu trennen? Wir wissen, daß es so nicht sein kann. Die eben beschriebene Situation entspricht derjenigen im »Auge des Hurrikans« oder »im Zentrum des Zyklons«. Es ist der Augenblick der Ruhe, bevor der innere Sturm der Gefühle losbricht und jeder für sich von seelischen Unwettern gebeutelt wird, wenn das Beziehungsgebäude mit lautem Getöse einstürzt, wenn wir von widersprüchlichen Gefühlen hin- und hergerissen werden.

Die Trennung oder Scheidung vom Lebenspartner ist eines der schmerzhaftesten Ereignisse in unserem

Leben. Sie ist genauso belastend wie der Tod des Partners. Und ebenso wie dieser bedeutet es, unter enormen Streß zu geraten. Manche Menschen reagieren darauf mit seelischen, viele auch mit körperlichen Symptomen, die anzeigen, daß ihr Seelenleben einer Zerreißprobe ausgesetzt ist.

Der Verlust der lange Zeit wichtigsten Beziehung bringt uns aus dem Gleichgewicht, ob wir es wahrhaben wollen oder nicht. In jedem Fall setzen seelische Bewegungen ein, um uns wieder ins Lot zu bringen. Es *passiert* etwas mit uns – und das erleben wir als Menschen, die vieles tun, um sich zu beweisen, daß sie ihr Geschick im Griff haben, als äußerst bedrohlich. Denn seit wir gelernt haben, uns selber von einem Ort zum anderen fortzubewegen, war unser Motto »selber machen«.

Sowohl Menschen, die es vermeiden, engere Bindungen einzugehen, als auch Menschen, die sich bis zur völligen Abhängigkeit an einen anderen klammern, haben das Ziel, die Fäden selbst in der Hand zu behalten. Die einen ziehen die selbstgewählte Einsamkeit vor, die anderen bauen für sich selbst und den Partner ein Gefängnis, bloß um diese eine gefürchtete Erfahrung nicht machen zu müssen: den Sturz ins emotionale Chaos.

Etwas erleiden zu müssen, widerspricht unserem Bild von uns selbst und der Vorstellung, wie wir uns weiterentwickeln werden: als ein Immer-mehr-Werden, Mehr-Bekommen, als grenzenloses Wachstum. Die Erfahrung eines schwerwiegenden Verlustes dagegen zwingt uns in die Knie, und wir spüren unsere Abhängigkeit. All unsere selbstherrlichen Entwürfe von Autonomie werden hinfällig, und wir müssen den unüberschaubaren, den konfusen Prozeß, der in unserem Inneren einsetzt, zunächst irgendwie zu ertragen lernen.

Enttäuschung, Erleichterung, Wut, Rachegelüste, Sehnsucht nach dem Verlorenen, Gleichgültigkeit, Trauer, Schwindelgefühle, Ruhe, ziehender Schmerz, plötzlich einsetzende Gefühllosigkeit, sanfte Trauer, Niedergeschlagenheit, Reue, diffuse Angst, Freude – all das kann an einem Tag unser Gemüt in schnellem Wechsel heimsuchen. Kein Wunder, daß wir abnehmen oder ein paar Pfunde zunehmen, daß wir kaum noch ins Bett kommen, weil wir ja doch nicht gut schlafen können. Morgens wachen wir viel zu früh und wie gerädert auf, und der Blick in den Spiegel ist alles andere als aufmunternd. Der eine lebt fast nur noch von Zigaretten und Kaffee, der andere verspürt einen unersättlichen Heißhunger auf Schokolade. Beide wissen, daß es ihrem Körper nicht guttut, aber der kleine Augenblick des Trostes ist ihnen wichtiger als die Gesundheit oder die Figur.

So grausam es klingen mag, dieses Erleidenlernen ist ein wichtiger Zwischenschritt auf dem Weg zu uns selbst. Unser schrankenloser Glaube an die Macht unseres Egos muß einmal erschüttert werden, damit wir erfahren können, wer wir in Wahrheit sind.

Wir alle müssen hin und wieder erleben, daß etwas zu Ende geht oder scheitert. Nicht nur die Trennung von einem wichtigen Menschen konfrontiert uns mit der Aufgabe, Abschied zu nehmen, sondern auch die Einsicht, daß sich ein lange gehegter Plan oder ein Ziel nicht verwirklichen läßt. Der Verlust von etwas, das unserem Leben jahrelang eine Richtung und einen Halt gegeben hat, muß bewältigt werden, bevor wir uns neu orientieren und einen Neuanfang starten können. Andernfalls schleppen wir unerledigte Geschäfte, unabgeschlossene Aufgaben mit uns herum, die einen Teil unserer Kräfte blockieren.

Diejenigen, die sich der Trennungserfahrung nicht stellen, etwa indem sie sich mit Alkohol und Medikamenten, durch eine Flucht in die Arbeit oder in sonstige Exzesse zu betäuben versuchen, bleiben in ihrem Entwicklungsprozeß stecken. Häufig haben psychosomatische Erkrankungen ihre Ursache in einer nicht bewältigten Verlusterfahrung.

Nur wer seine eigenen Grenzen erkundet, kann ein zuverlässiges Selbstvertrauen gewinnen. Erst wenn wir uns der Erfahrung der Einsamkeit aussetzen, und erst wenn wir uns damit auseinandersetzen, können wir unabhängig werden und frei für – partielle – Abhängigkeiten. Denn nur dann können wir uns auf das Abenteuer neuer und unbekannter Beziehungen zu anderen Menschen einlassen. Nur dann müssen wir nicht immer wieder die alten Beziehungsmuster knüpfen, wenn wir von uns sicher wissen, daß wir notfalls auch eine schmerzhafte Trennung überleben werden.

Trennungsschmerz und Verlustgefühle, so heftig sie uns auch quälen mögen, sind auszuhalten. Was uns aber fast wahnsinnig machen kann oder sogar zu suizidalen Kurzschlußhandlungen führt, ist die Weigerung, sie zu akzeptieren. Dann zerbrechen wir nicht an dem, was uns widerfährt, sondern an unserer Unfähigkeit, Gegebenes hinzunehmen, weil wir uns nicht zutrauen, danach anders weitermachen zu können.

Trauer als Bewältigung

8. Typischer Umgang mit Trennung

Wenn es »ernst« wird, wenn nach den eher halbherzigen, immer wieder zurückgenommenen Abgrenzungsversuchen der Trennungsvorphase der Bruch vollzogen ist, setzen seelische »Erste-Hilfe-Mechanismen« ein, um den Sturz ins innere und oft auch äußere Chaos abzufedern. Sie dienen dazu, den Schmerz des Verlustes zunächst einmal zu dämpfen, ihn gar nicht erst nahe an uns herankommen zu lassen. Und sie schützen unser bedrohtes Selbstwertgefühl. Als unmittelbare und oft unwillkürliche Reaktion auf das Auseinandergehen sind sie hilfreich, dürfen aber nicht mit der Verarbeitung der Trennung gleichgesetzt werden. Es heißt zwar: »Die Zeit heilt alle Wunden«, aber leider trifft das Sprichwort nur die halbe Wahrheit. Wir brauchen Zeit, um die Verlusterfahrung zu bewältigen, und das passiert leider nicht wie im Schlaf.

Wie jemand unmittelbar auf den Verlust reagiert, hängt von vielen Faktoren ab. Die Lebenssituation spielt dabei eine Rolle, die äußeren Umstände und die Lebensphase, in der sich der einzelne gerade befindet. Hier zeigt es sich, wie wir mit früheren Trennungen umgegangen sind, wie wir zum Beispiel die Ablösung von den Eltern, von anderen wichtigen Menschen und ähnliche bedeutsame Einschnitte und Veränderungen gemeistert haben. Vor allem aber werden hier unsere persönlichen Möglichkeiten und Grenzen herausgefordert.

Manche Menschen reagieren zunächst mit einer Art gefühlsmäßigem Totstellreflex. Sie sind wie erstarrt, dumpfe Fühllosigkeit breitet sich in ihnen aus. Sie spüren keinen Schmerz und keine Trauer, sondern sind wie eingetaucht in dunkle Hoffnungslosigkeit. Scheinbar gleichgültig, kämpfen sie um nichts mehr und lassen den Dingen ihren Lauf. Wochenlang lassen sie ihre Wohnung in dem Zustand, in den sie nach dem Auszug des Partners geraten ist: Da klaffen Lücken in der Einrichtung; der Herd fehlt in der Küche; die Kleider liegen über Stühlen, weil der Partner den Schrank mitgenommen hat; im Bücherregal bleiben ganze Fächer leer. Oder sie leben in ihrer neuen Wohnung in einem dauerhaften Provisorium: Kisten und Kartons bleiben unausgepackt; die Matratze liegt auf dem Boden; nackte Glühbirnen sorgen für die notwendigste Beleuchtung. Ihre Wohnung ist für sie kein Zuhause, sondern eine Bleibe. Sie veranschaulicht ihren inneren Zustand: auseinandergerissen, trostlos, ohne jeden Anflug von Geborgenheit – ein verlassenes Feld.

Alle Lebenskräfte scheinen sich tief nach innen zurückgezogen zu haben; solch ein Mensch wirkt wie ein kahler Baum im Winter. Müde und mit schwachem Antrieb funktioniert er in den notwendigsten

Belangen, das heißt, er geht zur Arbeit und sorgt für ein Mindestmaß an Ernährung und Pflege. Apathisch, teilnahmslos werden Angebote von Freunden zu gemeinsamen Unternehmungen abgelehnt. Die selbstgewählte Isolation scheint viel besser zu dieser seelischen Verfassung zu passen.

Andere schlagen einen entgegengesetzten Kurs ein. Sie können gar nicht genug bekommen von der Gesellschaft anderer Menschen. Ja, sie haben das Gefühl, sie dürften keinen Moment allein mit sich bleiben und stürzen sich in Aktivitäten aller Art. Alles, was irgendwie der Ablenkung dient, wird wahrgenommen. Vor allem das Wochenende muß spätestens am Mittwoch verplant sein, sonst breitet sich Panik in ihnen aus. Sie möchten »auf andere Gedanken« gebracht werden, um bloß nicht mit der wunden Stelle in sich in Berührung zu kommen.

Oft besteht ein anscheinend nicht zufriedenzustellendes Bedürfnis, über »die Sache« zu reden. Die Geduld der Freunde wird dabei auf eine harte Probe gestellt. Wie unter Zwang wird die Agonie der Beziehung immer und immer wieder wortreich beschworen. Es ist, als versuchte man, das Unbegreifliche des Endes durch endlose Wiederholung dingfest zu machen.

Für die Zuhörer scheint es eher der Versuch zu sein, das Schreckliche von sich zu geben, es sozusagen »auszukotzen«, bevor es wirksam werden kann, bevor die Konsequenzen der Trennung sich als Schmerz bemerkbar machen können. Nicht selten fühlt sich die so beanspruchte Freundin oder der Freund als eine Art seelischer Mülleimer.

Häufig dreht sich die Darstellung der letzten Tage der Beziehung um ein Opfer-Täter-Muster. Schuldzuweisungen und Rechtfertigungsversuche sind erste Bemühungen, das Erlebte einzuordnen, um endlich Ruhe zu finden. Auch wenn es für den Gesprächspartner anstrengend und ermüdend ist, er leistet dem frisch Getrennten einen echten Freundschaftsdienst, wenn er geduldig und gelassen zuhört und auf vorschnelle »Patentrezepte« (»Vergiß diesen Schuft doch einfach«) verzichtet. Wichtig ist, daß jemand da ist, der Anteil nimmt und Verständnis dafür hat, daß man sich den Kummer von der Seele reden möchte. In einer solchen schwierigen Situation, wenn wir uns verletzt, enttäuscht und schwach fühlen, brauchen wir dringend einen Menschen, der uns so, wie wir sind, annimmt und schonend behandelt.

Einige Menschen scheinen die Möglichkeit zu haben, das schmerzliche Erlebnis sofort einzukapseln, es wie luftdicht verpackt in eine ganz entfernte Seelenkammer zu verbannen. Sie zeigen sich kühl und gelassen, ganz distanziert von der Erfahrung. Vielleicht glauben sie, sie hätten das ganze Paket verwirrender Gefühle, die uns nach einer Trennung heimsuchen, durchlebt und ein für allemal hinter sich gebracht, etwa mit Hilfe eines schrecklichen Besäufnisses.

Und dann gibt es da noch das Konservieren der Hoffnung. Man hat sich zwar räumlich getrennt, aber – mal abwarten, das wird schon wieder werden. Man tröstet sich mit der unrealistischen Vorstellung, daß noch nicht alles zu Ende sein kann, solange man beispielsweise selber auf den Partner wartet. Da werden die Modellautos des Partners sorgsam auf ihrem Platz in der Vitrine gelassen, und die Zahnbürste der Partnerin bleibt in trauter Zweisamkeit mit der eigenen auf dem Badezimmerbord stehen. Wer schon einmal über dem Anblick eines Paars alter Hausschuhe in Tränen ausgebrochen ist, weiß, wie intensiv persönliche Gegenstände die Erinnerung an ihren Besitzer heraufbeschwören können.

Menschen mit solch einer Neigung können unter Umständen Jahre in einer Art Warteschleife verbringen. Sie halten sich in einem Zustand hoffnungsvoller Erwartung, daß alles wieder so wird, wie es war. In endlosen Grübeleien beschwören sie den Mythos des Füreinander-bestimmt-Seins und rufen sich all die kleinen Ereignisse des Kennenlernens in Erinnerung, die das beweisen sollen.

Oft gelingt es ihnen, immer wieder einen Grund zu finden, um anzurufen oder sich noch einmal zu treffen. Dann wird jede freundliche Geste des anderen als Bestätigung interpretiert, daß es irgendwann weitergehen wird. Es ist schwer, jemandem, der mit solcher Treue an einem hängt und der sich so heftig an die vergangene Beziehung klammert, klar und eindeutig zu sagen, daß es keine Hoffnung mehr gibt. Allzuleicht bleibt man im vagen – wer kann schließlich hundertprozentig sagen, was die Zukunft bringen wird. Man glaubt, den anderen zu trösten oder ihn zumindest zu schonen, wenn man verspricht, den Kontakt nicht ganz und gar abreißen zu lassen.

Lisa, eine 35jährige Lehrerin, war von ihrem Mann Herbert nach zwölf Jahren verlassen worden. Er war ihr ein und alles gewesen. Sie hatte ihn mit vierzehn beim Tanzen kennengelernt. Sie konnte sich einfach nicht vorstellen, daß ihre Beziehung enden könnte.

In den letzten Jahren hatte er oft Affären mit anderen Frauen gehabt, was ihr sehr weh getan hatte. Aber er war immer wieder zu ihr zurückgekehrt. Dieses Mal hatte er seine Sachen gepackt und war in ein Appartement gezogen. Er hatte ihr gesagt, er könne mit ihr nicht mehr leben, sie lasse ihm keine Luft zum Atmen mehr. Er wolle eine Weile allein leben und sein Singleleben genießen. Für ihn sei klar, daß er nicht zur Ehe tauge.

Lisa ließ ihn schweren Herzens gehen. Aber sie unterließ es nur deshalb, ihn mit körperlicher Gewalt am Weggehen zu hindern, weil sie sich sagte, daß er schon zurückkehren werde, wenn er sich ein bißchen ausgetobt haben würde. Die Wochen und Monate vergingen. Sie telefonierten miteinander und trafen sich zum Essen. Er erzählte ihr nur wenig davon, wie er seine Zeit verbrachte. Wenn sie ihn fragte, wann er wieder zu ihr zurückkäme, sagte er, sein Leben gefiele ihm gut so, wie es im Augenblick sei. Sie tröstete sich, daß er wohl noch etwas Zeit brauche.

Für eine Weile hörte sie nichts mehr von ihm. Sie konnte nicht gut schlafen und war bei der Arbeit unkonzentriert. Ihr Denken kreiste immerzu nur um Herbert, ob er etwas mit anderen Frauen habe und was sie tun könne, damit er wieder zu ihr käme. Sie rief ihn in der Firma an; er war kurz angebunden. Sie beruhigte sich damit, daß er wohl gerade viel zu tun hatte.

Der Zufall bot ihr eine Gelegenheit, zu überprüfen, ob ihm noch etwas an ihr lag: Ein Wasserrohr in ihrem

Haus war geplatzt. Sie rief ihn ganz aufgeregt an, sie wisse nicht, was sie tun solle. Er kam vorbei und kümmerte sich darum, daß der Schaden repariert wurde. Er mußte doch noch etwas für sie empfinden, sonst wäre er nicht so schnell gekommen, schloß sie daraus. Er hatte zwar gemeint, sie müsse es lernen, allein mit solchen alltäglichen Problemen fertig zu werden; aber er war auch wieder zur Stelle, als die Katze krank wurde und sie seinen Beistand anforderte.

Jetzt ist Lisa schon drei Jahre getrennt von Herbert, aber sie wartet immer noch. Sie geht zwar mittlerweile gelegentlich mit einem jungen Mann aus, aber er kommt, wie sie sagt, für eine engere Beziehung sowieso nicht in Frage. Nachdem sie einen Selbstmordversuch unternommen hat und unter der einsetzenden Wirkung der Schlaftabletten Herbert angerufen hat, besucht er sie in unregelmäßigen Abständen zu Hause. Sie nimmt an, daß es nicht mehr lange dauern kann, dann werden sie zusammen ein neues Leben beginnen.

9. Der Trauerprozeß

Das Ende einer Beziehung konfrontiert uns mit einer Tatsache, die im Grunde in unserem Leben immer wirksam ist, vor der wir aber am liebsten unsere Augen verschließen würden: dem Unterworfensein unter den ewigen Kreislauf von Werden und Vergehen. Diese Tatsache widerspricht unserem bewußten Wünschen und Wollen, denn dieses richtet sich darauf, immer weiterzukommen, eine Stufe nach der anderen hinaufzusteigen auf der Karriere-, Wohlstands- oder Entwicklungsleiter. Wir wollen uns verändern, in beruflicher oder persönlicher Hinsicht, wollen mehr erreichen an Lebensstandard, an Glück und Zufriedenheit, an Geld und beruflichem Einfluß, wollen über uns hinauswachsen. Und dieses Mehr-Werden soll, bitte schön, ohne Verluste oder Einschränkungen vor sich gehen. Wir wünschen uns, vieles hinzuzubekommen, ohne irgend etwas aufgeben zu müssen.

Diese Vorstellung von Veränderung entspricht eher einer Art Aufblähung des Ist-Zustandes unseres gegenwärtigen Egos, als einer Entwicklung auf eine größere Differenziertheit unserer Persönlichkeit hin.

Eine solche Persönlichkeitsentwicklung dagegen muß im Sinne einer Entfaltung all der verschiedenen, oft widersprüchlichen Aspekte in uns und ihrer Verknüpfung in immer wieder neuen Zusammenhängen verstanden werden. Im Vergleich dazu ist die Vorstellung vom Mehr-Werden, als hingen wir noch an den kindlichen Bildern vom Größerwerden.

Doch unsere Erfahrungen sprechen dagegen: Trotz aller Versuche, uns unsere Jugendlichkeit zu erhalten, altert unser Körper unaufhaltsam; Entscheidungen, die wir vielleicht vor langer Zeit getroffen haben, holen uns mit ihren Konsequenzen plötzlich ein. Uns stehen nicht mehr alle Möglichkeiten offen, sondern das, was bereits geworden ist, was wir gelernt und eingeübt haben, engt unseren Bewegungsspielraum ein. Auch die Entscheidung für einen Menschen, zu einer gefühlsmäßigen Bindung an ihn und der Entwurf einer gemeinsamen Zukunft läßt sich nicht einfach rückgängig machen, sondern sie hat Folgen. So wie für die *Ver*bindung von zwei Menschen zu einem Paar Zeit und seelische Arbeit notwendig ist, braucht auch die *Ent*bindung Zeit und seelischen Aufwand. In beiden Fällen haben wir es mit Ungewissem zu tun, das unsere Fähigkeiten und Kräfte herausfordert.

Es heißt, daß unsere heutige Zeit ein »narzißtisches Zeitalter« sei, eine Epoche, die in besonderem Maße den Typus des ich-bezogenen, wenig bindungsfähigen und emotional sparsamen bis geizigen Menschen hervorbringe. Obwohl es keine klinischen Untersuchungen dazu gibt, die es beweisen, scheint das doch zumindest für unsere westliche Welt zu gelten. Ich-Stärke, selbstbewußtes Vertreten des eigenen Standpunktes und Wettbewerbsorientierung auf allen Ebenen rufen die in jedem Menschen in unterschiedlicher Ausprägung vorhandenen narzißtischen Tendenzen auf den Plan.

Damit werden Züge der Lebensbewältigung forciert, die auf die möglichst vollständige Kontrolle unserer sozialen und gegenständlichen Umwelt zielen. In einer immer unübersichtlicheren Welt, auf deren rapide Veränderung der einzelne mit äußerst flexiblen Anpassungen reagieren muß, scheint es zweckmäßig zu sein, sich allein auf sich selbst und die eigene Ratio zu verlassen. Und vermeintlich ist es am einfachsten, sein Handeln am größtmöglichen Gewinn und Nutzen für die eigene Person zu orientieren. Wir haben nicht nur die Möglichkeit, das Beste aus unserem Leben zu machen, sondern geradezu die Pflicht dazu, wenn wir nicht als Niete dastehen wollen.

Allzu leicht erliegen wir der Vorstellung, es läge wirklich alles in unserer Hand, wir könnten alles »machen«. Dementsprechend werden in besonderem Maße Aktivität und Initiative von uns verlangt. Die Qualitäten unserer anderen Seite – Passivität, Kommen- und Geschehenlassen, Abwarten und Sichgedulden, Hinnehmen-, Aushalten- und Ertragenkönnen, Sicheinlassen und Sichabfinden – rufen in uns Unbehagen hervor, denn wir haben sie nicht entfalten können. In unserem gängigen, auf zwei Dimensionen vereinfachten Weltbild – »Hop oder Top« – sind das Attribute der Schwäche, und wir ordnen sie Versagern und Verlierern zu, weltfremden Blauäugigen und ängstlichen Betschwestern. Von uns selbst erwarten wir dagegen, stets auf der Seite der Gewinner und »Macher« zu stehen.

Aber genau diese Qualitäten können uns helfen, dem, was uns an Unvorhergesehenem und Schmerzhaftem widerfährt, zu begegnen und daran zu reifen. Statt dessen klammern wir uns an unsere selbstherrlichen Entwürfe von Selbstbestimmung und Kontrolle. Wir tun alles, um die Erfahrung, daß etwas Wirkungen in uns hinterlassen kann, die wir nicht beabsichtigt haben, zu vermeiden.

Krankheit, Tod und der Verlust eines einstmals oder immer noch geliebten Menschen erschüttern das Vertrauen in unsere unverwundbare Eigenmächtigkeit und in die Unerschütterlichkeit unserer Selbstbestimmtheit. Diese Erfahrungen lassen uns unsere Empfindlichkeit und Gefährdung spüren.

Uns ist eine Kultur des Trauerns abhanden gekommen. Wir haben keine lebendigen und tragfähigen Formen mehr, mit deren Hilfe wir unseren Schmerz und unsere Verzweiflung zum Ausdruck bringen können. Selbst unsere Riten der Totenbestattung sind so blaß und formell, daß weinende und von Schluchzern geschüttelte Hinterbliebene die »Trauergemeinde« peinlich berühren. Solche sichtbaren und körperlichen Anzeichen von Gefühlszuständen scheinen als ein Aus-der-Rolle-Fallen und ein unangemessener, allenfalls entschuldbarer Mangel an Selbstbeherrschung betrachtet zu werden. Wir glauben, wenn wir uns gegen die aufsteigende Trauer wehren, können wir es verhindern, von ihr ergriffen zu werden. Der Psychotherapeut Jorgos Canacakis weist aber darauf hin: »Trauer findet immer einen Ausdruck, auch wenn wir sie daran hindern.« Ungeachtet unserer

Abwehr kann sie sich zerstörerisch in uns auswirken. Sie kann sich in körperlichen Krankheiten oder in unerklärlichen seelischen Störungen äußern.

Die natürlichen emotionalen Reaktionen auf den Verlust eines wichtigen Menschen und einer bedeutsamen Beziehung sind Schmerz und Trauer. Diese wollen erst einmal angenommen werden. Doch weil wir keine liebevoll begleiteten und angeleiteten Erfahrungen im Umgang damit haben, versuchen wir, sie möglichst schnell loszuwerden. Da fehlt etwas in unserer seelischen »Programmierung«. Und deshalb fühlen wir uns hilflos und ohnmächtig.

Etymologisch ist das Wort »trauern« vermutlich verwandt mit gotischen und altenglischen Worten, die die Bedeutung von »niederfallen« und »sinken; matt, kraftlos werden« tragen. In Redewendungen wie »den Kopf sinken lassen« und »die Augen niederschlagen« können wir diese alten Bedeutungen noch erkennen. Doch diese Haltung, sich irgend etwas – wie hier einer Erfahrung – zu beugen, widerstrebt uns.

»Trauern darf nicht länger als ›Schwäche‹ betrachtet werden, sondern es ist ein psychologischer Prozeß von höchster Wichtigkeit für die Gesundheit eines Menschen«, sagt die Psychotherapeutin Verena Kast. Trauern ist also ein Prozeß, in dem etwas verarbeitet wird. Es ist etwas Aktives; da kommt etwas in Fluß, das uns verändert und uns zur Veränderung herausfordert.

Wenn wir unsere Beherrschung verlieren und unseren Tränen freien Lauf lassen, bringen wir unsere innere Bewegung zum Ausdruck, und unser

Schmerz kann sich lösen. Trauern ist nicht etwa ein statisches Verharren in dunklen Seelenzuständen, sondern ein Geschehen, das von widersprüchlichen und vielfältigen Gefühlen begleitet wird, die uns zyklisch heimsuchen: Wut und Trauer, Angst und Hoffnung, Erleichterung und Verzweiflung, Selbstzweifel und Rachsucht, Enttäuschung und Zuversicht. Am Grad des Schmerzes können wir erkennen, wie viel uns der andere bedeutet hat und wie tief die Bindung war. Indem wir uns diesen Gefühlen und den Erinnerungen an glückliche und weniger glückliche Augenblicke stellen, indem wir das gemeinsame Leben, den Alltag mit diesem Menschen noch einmal betrachten, können wir uns das Verlorene aneignen. Diese Erlebnisse kehren nicht wieder, aber als Bestandteile unseres ganz persönlichen Erfahrungsschatzes können sie niemals verlorengehen.

Es gibt keinen Neuanfang ohne die Notwendigkeit, von etwas Altem Abschied zu nehmen. Ob wir es akzeptieren oder nicht, es gibt für uns keinen Ausstieg aus dem zyklischen Werden und Vergehen alles Lebendigen. Wenn wir dieser Notwendigkeit nicht tapfer ins Auge sehen, wenn wir den Schmerz der Trennung und des Verlustes vermeiden wollen, müssen wir dafür den Preis einer langsamen Verflachung unseres Gefühlslebens oder eines Leidens am Uneigentlichen zahlen. Dann halten wir zum Beispiel an einer längst überlebten Beziehungsform fest und unternehmen allerhand Anstrengungen, um das Neue, das Andere, das Andrängende unter Kontrolle zu bringen. Doch das lebendige Gefühl in uns wird sich andere Wege suchen. In unerklärlicher Müdigkeit, in depressiven Stimmungen, in Mut- und Hoffnungslosigkeit bis hin zu der ganzen Vielfalt psychosomatischer Störungen wird es sich Bahn brechen.

Es gehören viel Mut und Zuversicht dazu, sich dem Trennenden zu stellen, das zunächst Destruktive in uns anzunehmen, es auszuhalten und abzuwarten, wohin es mit uns will. Wir brauchen auch Mut und Zuversicht, um Altes und Vertrautes loszulassen, wenn wir unsicher sind, woran wir uns danach werden halten können.

Trennungen bringen Verluste und Einschränkungen mit sich; wir können nicht sofort mit – möglichst »besserem« – Ersatz rechnen. Ich staune oft darüber, mit welcher Beharrlichkeit sich Menschen gegen eine längst überfällige Veränderung stemmen. Sie reiben ihre Kräfte auf bei dem Versuch, sich an eine Verbindung zu klammern – sei es die zu einem Menschen oder die an einen Arbeitsplatz –, die längst aussichtslos geworden ist. Sie tun dies, weil sie die Einschränkung fürchten: »Wenn ich in eine kleinere Wohnung ziehe, wird mich das deprimieren«, oder »Wenn ich die Stelle aufgebe, werde ich mit meinem Geld nicht auskommen.« Es fällt ihnen schwer, sich vorzustellen, daß die Einbußen an Wohnraumquadratmetern und im finanziellen Budget durch die Befreiung von bedrückenden Verhältnissen mehr als ausgeglichen werden können. In ihrer Ängstlichkeit berücksichtigen sie nicht, daß der Zustand vorübergehend sein wird und daß sie, wenn sie wieder mit sich in Einklang kommen, neue Früchte werden ernten können.

So groß der Schmerz um den Verlust auch ist, in ihm äußert sich unsere Lebendigkeit, die uns, wie das Blut einer frischen Wunde, später ihre Heilkraft zeigen wird. In unserer panischen Angst davor, an solch einer Wunde des Herzens zu verbluten, legen wir allzu leicht Heilpflästerchen auf, etwa in Gestalt einer neuen Verliebtheit oder in Form von allerhand Ablenkungen. Die eigentlichen Gefahren bestehen aber darin, daß die Wunde nicht heilen kann, und daß wir diesen verletzten Bereich unseres Selbst vor jeder Berührung zu schützen versuchen. Dann geraten wir in unseren Liebesbeziehungen immer wieder in die gleichen Schwierigkeiten, aus denen wir uns nur durch Flucht retten zu können scheinen. Oder wir verzichten von vornherein darauf, uns auf eine nahe, seelisch intime Beziehung einzulassen.

Im Trauern wird die Trennung bewältigt und die verlorene Beziehung zum Abschluß gebracht, so daß wir uns wieder frei und zuversichtlich neuen Erfahrungen und Beziehungen zuwenden können. »Die Trauer ist die Emotion, durch die wir Abschied nehmen, Probleme der zerbrochenen Beziehung aufarbeiten und soviel als möglich von der Beziehung und von den Eigenheiten des Partners integrieren können, so daß wir mit neuem Selbst- und Weltverständnis weiterzuleben vermögen.« (Verena Kast)

Auch derjenige, der den Partner verlassen hat, ist ein Verlassener. Auch nach einer »gütlichen« Trennung, »in beiderseitigem Einverständnis« tauchen widersprüchliche Gefühle – Lähmung, Enttäuschung, Wut, ein Gefühl der Leere, Trauer, Sehnsucht, Verzweiflung, Rachewünsche – auf und fordern Aufmerksamkeit.

Indem wir anerkennen, daß wir etwas Wertvolles und Wichtiges verloren haben, und den damit verbundenen Schmerz aushalten, können wir die vergangene Beziehung zu unserem unveräußerlichen Besitz machen. Wir müssen genau hinsehen und betrauern, was wir an Gutem in unserer Beziehung hatten und welche Zukunftsperspektiven, Hoffnungen, Wünsche und Möglichkeiten mit dieser Beziehung für immer verloren sind. Wir müssen aber auch das berücksichtigen, was uns in dieser Beziehung gefehlt und keinen Platz darin gehabt hat. Indem wir Hoffnung schöpfen, daß dieses bisher Ungelebte sich in neuen Beziehungen wird entwickeln können, bewältigen wir den Verlust.

Der vorübergehende Rückzug in sich selbst ist eine Voraussetzung, unter der es erst möglich wird, all die auf den Partner übertragenen Wünsche und Funktionen wieder auf die eigene Person zu beziehen. Selbstmitleid kann – in kleinen Dosen – ein Mittel sein, um sich zu bemuttern und zu trösten.

Der Zustand des Verlassenseins bietet die Möglichkeit, sich seiner Sehnsüchte, Bedürfnisse und Potentiale bewußter zu werden. Damit wird eine neue Ausgangslage geschaffen. Man kann sich mit gestärkter Selbstgewißheit wieder dem Lebendigen und Neuen zuwenden.

Wie lange jemand braucht, bis er den Trauerprozeß so weit abgeschlossen hat, daß er sich von der Vergangenheit lösen kann, ist unterschiedlich. Es hängt von der Intensität der Beziehung, dem Selbstvertrauen des Betreffenden und seiner Erfahrung im Umgang mit Krisensituationen ab. Im Durchschnitt muß mit einem Jahr gerechnet werden, bis man aus den schwierigsten Phasen herausgefunden hat. Die meisten Menschen brauchen zwei bis vier Jahre, bis sie ein neues Lebenskonzept entwickelt haben. Manche brauchen auch eine zweite gescheiterte Beziehung oder sie kehren zu ihrem Partner zurück, weil beide das Alleinleben nicht ertragen können. Manchmal brauchen zwei Menschen mehrmals dieses Hin und Her zwischen Wiederannäherung und Trennung, bis sie die schwierige Aufgabe des Abschiednehmens schaffen.

10. Phasen des Trauerprozesses

Bei allen individuellen Unterschieden zwischen uns gibt es doch Gemeinsamkeiten, wie wir Menschen schwerwiegende Verluste bewältigen. Wir alle durchlaufen dabei einen Prozeß, dessen verschiedene Aspekte sich in einem Modell von Trauerphasen überschaubar machen lassen: Phase des Nicht-wahrhaben-Wollens, Phase der aufbrechenden Gefühle, Phase der Neuorientierung, Phase des neuen Lebenskonzeptes.

Der Verlust stürzt uns in eine Krise, in der unsere Vorstellungen von uns selbst und der Welt erschüttert werden. Wenn wir mit einer unabänderlichen Tatsache konfrontiert werden, müssen wir erkennen, daß unsere vertrauten Strategien im Umgang mit der Wirklichkeit nicht ausreichen. Wir sind herausgefordert, uns neu zu orientieren und Neues zu entwickeln. In die Krise zu geraten bedeutet auch, daß wir es aushalten müssen, eine Zeitlang nicht weiterzuwissen. Sie bietet uns zugleich aber immer die Chance, zu einer neuen Lebensform zu finden, die besser zu uns paßt und die uns herausfordert, uns weiterzuentwickeln.

Womit ist zu rechnen bei diesem Prozeß, durch den die Trennung bewältigt werden kann? Bedeutet der Hinweis auf Phasen, daß wir einzelne Stufen der Verarbeitung eine nach der anderen durchlaufen? Ist das Phasenmodell eine Art Checkliste, anhand der wir erkennen können, wie »weit« wir schon vorangeschritten sind? Ganz so einfach funktionieren wir nicht. Aber wir können uns mit den Phasen einen Überblick über diesen sehr komplexen Bearbeitungsvorgang verschaffen.

Zum Trauerprozeß gehört eine Vielfalt widersprüchlicher Gefühle, was uns zunächst so vorkommt, als hätten wir unsere Fassung verloren und verstünden uns selbst und die Welt nicht mehr. Da folgen Traurigkeit und neu erwachende Lebensfreude, Verzweiflung und Resignation, Wut und Rachegelüste, friedliches In-sich-Ruhen und zorniges Aufbegehren in raschem Wechsel aufeinander. Allein, wenn wir uns vor Augen halten, daß das zu einer Krisensituation dazugehört, kann uns das einen gewissen Halt in solchen, als chaotisch erlebten Zuständen geben.

Wir können uns den Trauerprozeß als einen Ablauf verschiedener Phasen vorstellen, in denen wir Stück für Stück lernen, den Verlust anzunehmen und so zu einem neuen Verständnis von uns selbst und unserer Wirklichkeit zu kommen. Die Phasen stellen nicht geradlinig aufeinander folgende oder aufbauende Abläufe dar. Sie sind eher als verschiedene Aspekte zu sehen, unter denen wir das Geschehen nach dem Ende einer Beziehung begreifen können.

Sicherlich werden wir unmittelbar nach der Trennung zuerst mit dem Aspekt des Nicht-wahrhaben-

Wollens, der Verleugnung und der Unfähigkeit, uns mit dem Verlust auseinanderzusetzen, konfrontiert sein. Der Aspekt eines neuen Lebenskonzeptes wird dagegen eher am Ende des Bewältigungsprozesses auftauchen. Aber das Gefühl der Lähmung kann uns immer wieder einmal heimsuchen, genauso wie die Ahnung einer neuen Sichtweise auf uns selbst und unsere Welt ganz am Anfang der Krise aufblitzen kann.

Wie alle seelischen Veränderungsprozesse verläuft auch der Trauerprozeß nicht schnurstracks nach vorn, sondern es kommt immer wieder einmal zu einem Rückfall in längst überwunden geglaubte Zustände von Verlassenheit und Hilflosigkeit. Dann wieder erleben wir uns plötzlich in einem ganz neuen Zustand ruhiger Gelassenheit und Zuversicht.

Ganz allmählich, und zunächst von uns noch unbemerkt, beginnen sich die Scherben unseres zerbrochenen Lebens neu zu ordnen. Wir entwickeln neue Gewohnheiten, notdürftig noch, aber sie stellen in unserem inneren und oft auch äußeren Durcheinander zumindest eine provisorische Ordnung her. Da kann die Verabredung mit der Freundin, regelmäßig alle zwei Wochen Squash zu spielen, schon zu einer Art Halteleine werden: »Da ist wenigstens ein wohlwollender Mensch, auf den ich mich verlassen kann, und der mich vermissen würde.« Gerade in solchen Krisenzeiten brauchen wir die liebevolle, verständnisvolle und zuverlässige Zuwendung anderer Menschen. Und gerade dann besteht die Gefahr, uns zu isolieren.

Der Trauerprozeß ist ein Heilungsprozeß. Wenn wir den Mut aufbringen, durch ihn hindurchzugehen, werden wir am Ende gestärkt und viel mehr wir selbst geworden sein. Aber es besteht auch die Gefahr, unterwegs steckenzubleiben; oder wir können bei dem Versuch, ihm zu entkommen oder ihn zu manipulieren, auf Abwege und in Sackgassen geraten.

Dieser Prozeß läßt sich nicht bewußt kontrollieren, er folgt seiner eigenen Logik. Vor allem dieser Aspekt und die damit verbundene Ratlosigkeit, Verwirrung und das Nicht-weiter-sehen-Können vermögen wir Menschen, die wir so gern unser Geschick in den eigenen Händen halten möchten, nur schwer zu ertragen. Woran können wir uns halten? Worauf können wir bei diesem sturzbachartigen Geschehen vertrauen?

Aus meiner Sicht finden wir Hilfe und Trost zum einen in der festen Zuversicht, daß es immer weitergeht, gleichgültig, wie verfahren uns die Situation auch vorkommen mag. Zum anderen hilft uns unser Gespür dafür, was uns und der Situation jeweils angemessenes Handeln ist. Oft wird diese Fähigkeit, das Vernehmen der »inneren Stimme«, die Intuition oder wie immer man es nennen will, von den lautstarken Stimmen unserer bewußten Absichten übertönt. Aber wenn wir erst einmal die Erfahrung machen, daß in scheinbar aussichtslosen Lagen von irgendwoher – vielleicht aus einem Traum oder einer ganz »verrückten« Idee – ein Hinweis kommt, der uns aus der Zwangslage befreit, können wir lernen, mehr und mehr auf diese leisen Stimmen zu hören.

11. Nicht-wahrhaben-Wollen

In dieser Phase des Trennungsprozesses sind wir uns der Tragweite dessen, was geschehen ist, noch nicht bewußt. Wir haben beschlossen, uns zu trennen. Aber etwas in uns wehrt sich noch dagegen, das als Wirklichkeit hinzunehmen. Es ist, als könnten wir das Ganze noch nicht an uns heranlassen. Unser Kopf weiß es, aber wir fühlen es noch nicht. »Vielleicht brauchen wir eine Weile Abstand voneinander, müssen vorübergehend an verschiedenen Orten leben«, versuchen wir uns zu trösten. »Sie wird schon erkennen, was sie an mir hatte, wenn sie allein mit allem zurechtkommen muß«, hoffen wir. »Es ist ganz unmöglich, daß das das Ende ist. Wir sind doch füreinander bestimmt gewesen.« Sogar zurückgelassene Gegenstände erscheinen uns als Garant dafür, daß der Partner zurückkehren wird.

Das Nicht-wahrhaben-Wollen kann sich sowohl in der Flucht in rege Betriebsamkeit äußern als auch in einem Zustand innerer Lähmung und Leere. Wir fühlen uns für eine Weile unfähig, einen klaren Gedanken zu fassen oder irgend etwas zu tun, um unsere Situation zu verändern. Dann kommen wir uns vielleicht vor wie eine Marionette, deren Fäden zerschnitten sind. Wir sind wie betäubt, würden uns am liebsten ins Bett verkriechen und nur schlafen, aber selbst das gelingt uns nicht. Uns fehlt dann jegliche Initiative, bei jedem Vorschlag zu Unternehmungen mit Freunden winken wir nur müde ab. Wir verfallen in ein dumpfes Brüten und starren tränenlos vor uns hin. Es ist, als warteten wir darauf, daß etwas geschieht, das uns aus dieser dunklen Verzauberung aufweckt oder erlöst.

Wir können es einfach nicht fassen, daß dieser geliebte Mensch nicht mehr für uns da sein soll. Das, was unserem Leben so lange Halt und Richtung gegeben hat, diese wichtige Beziehung kann doch nicht plötzlich verschwunden sein. »Wie konnte das passieren?« fragen wir uns, ohne eine Antwort zu finden. Dann wieder stellen wir uns vor, es klingelt, und der Partner steht vor der Tür. »Könnte nicht alles noch einmal von vorn anfangen?« hoffen wir und bitten: »Laß es uns noch einmal versuchen.«

In manchen Fällen können wir die Trennung – scheinbar – noch ganz sachlich sehen. »Es war ja höchste Zeit; es ist besser, sich von einer Beziehung zu verabschieden, wenn sie nichts mehr bringt«, reden wir uns gut zu.

Wir achten dann vielleicht darauf, daß wir gerade verreisen müssen, wenn der Partner aus der Wohnung auszieht. Oder wir sind so sehr mit einer neuen Liebesgeschichte beschäftigt, daß uns der Abschied von unserem Lebensgefährten wie die Abwicklung von bloßen Trennungsformalitäten erscheint. Wenn wir zusammengelebt haben, kann das Auseinandersortieren des gemeinsamen und persönlichen Besitzes und die Einrichtung der eigenen Wohnung unsere Aufmerksamkeit zu einem großen Teil beanspruchen. Vielleicht bemühen wir uns, uns wieder unseren Alltagsaufgaben zuzuwenden, als wäre nichts weiter geschehen. Jetzt könnten wir doch mit aller Kraft neue berufliche Ziele anpeilen. Auch für die Diät und das Fitneßtraining, womit wir schon lange etwas zur Verbesserung unserer äußeren Erscheinung tun wollten, hätten wir jetzt Zeit und Gelegenheit.

Was wir spüren, ist vor allem Erleichterung. Es ist, als sei eine große Last von uns gewichen nach der mehr oder weniger langen Zeit, in der wir versucht haben, eine Lösung für ein unlösbar erscheinendes Problem zu finden. Diese Aufgabe haben wir jetzt vom Hals. Wenn wir auf den Verlust angesprochen werden, winken wir nur ab: »Schnee von gestern.« Gefühle wollen wir jetzt erst einmal nicht an uns herankommen lassen; wir bagatellisieren den Verlust, indem wir die Bedeutung des anderen für uns herunterspielen. Oder hoffen wir vielleicht insgeheim auf eine Wiederherstellung des Alten, und setzen uns deshalb nicht mit den emotionalen Konsequenzen auseinander? Halten wir uns ein Hintertürchen offen, wenn wir den Bruch in den Gesprächen mit unseren Mitmenschen lieber nicht so deutlich werden lassen? Wir versuchen, uns erst einmal abzulenken.

Vielleicht beginnen wir, Ausschau zu halten nach all den neuen Möglichkeiten, die sich uns jetzt bieten müßten, nachdem wir frei von jeder Treueverpflichtung sind. Aber so recht will das nicht gelingen. »Macht nichts, erst einmal erholen vom Beziehungsstreß.« Wir spüren zwar, daß etwas zwischen uns und einem Neuanfang steht, sind aber seelisch noch nicht in der Lage, wahrzunehmen, daß die kompakte Aufgabe der Verlustbewältigung ungelöst vor uns liegt.

Es kostet Anstrengung, den Bann des Nicht-wahrhaben-Wollens zu durchbrechen. Uns bleibt nichts anderes übrig, als uns zu zwingen, genau hinzuschauen und das Schreckliche zu akzeptieren: Die Trennung ist wirklich geschehen.

12. Aufbrechende Gefühle

Hier beginnen wir, gegen das Geschehene aufzubegehren. Wir sehen uns konfrontiert mit etwas, das wir in seinen gefühlsmäßigen Auswirkungen im Grunde nicht hinnehmen wollen. Kennzeichen dieser Phase sind einander widersprechende Gefühle, die wir mit großer Intensität erleben. Unser Gefühlschaos wird in Orientierungslosigkeit und Stimmungsschwankungen deutlich.

In dieser Phase zeigt sich erstmals der Schmerz des Verlustes. Er erscheint in Gestalt eines kaum zu ertragenden Verlassenheitsgefühls, aber auch als Enttäuschung und Wut. Wir fühlen uns durch die Trennung verletzt und in unserer Eigenliebe gekränkt. Selbstzweifel und Minderwertigkeitsgefühle quälen uns und nehmen uns jede Zuversicht auf eine glücklichere Zukunft. »Ist das jetzt das Ende meines Beziehungslebens überhaupt?« fragen wir uns betrübt. Wir werfen uns vor, daß wir nicht einmal in der Lage waren, einen Mann oder eine Frau, mit dem oder der wir verbunden waren, auf Dauer zu halten. »Sind da Mängel in meiner Persönlichkeit; bin ich bindungsunfähig?« »Was habe ich bloß so grundlegend falsch gemacht?«

Wir schauen in den Spiegel und bezweifeln, daß dieses verhärmte Gesicht mit der grauen Haut und diesem glanzlosen Blick jemals wieder ein verliebtes Strahlen bei einem anderen Menschen hervorrufen wird. Unser Alter, unsere Figur, unsere Art, uns zu kleiden und zu geben, unsere Eigenschaften und Fähigkeiten – alles bietet Material dafür, uns vor uns selbst herabzusetzen. »Es geschieht mir ganz recht; wer will schon bei solch einem vertrockneten, unattraktiven Menschlein bleiben?« »Wer hält es schon bei jemandem aus, der vor lauter Pflichtbewußtsein und Leistungsdenken keinen Sinn mehr hat für romantische Abendessen bei Kerzenschein?« Wir quälen uns selbst.

Dann wieder überfallen uns plötzlich Erinnerungen an glückliche Momente: Wie beruhigend war es doch, am Ende eines aufreibenden Arbeitstages nach Hause zu kommen und erwartet zu werden. Wie leicht war es, über den Ärger im Büro hinwegzukommen, wenn wir bei einem strammen Spaziergang am Fluß entlang die Dinge zurechtrücken und schließlich relativieren konnten. Wie wohltuend war es, zu wissen, daß einer an uns glaubt, wenn wir vor einer schwierigen Entscheidung oder Prüfung standen. Und wie bereichernd war es, wenn wir unseren Erfolg gemeinsam feierten und darauf Zukunftsträume gründeten.

Wehmütig wird uns bewußt, wie sehr uns das alles fehlt. Aber haben wir uns deshalb getrennt? Gab es da nicht auch noch ganz andere Seiten der Zweisamkeit, die wir mit dem Partner erfahren mußten?

Auch wenn wir selbst derjenige waren, der gegangen ist und den Partner verlassen hat, sind wir enttäuscht und wütend: Warum hat mein Partner nicht um mich gekämpft? Warum hat er mich nicht zurückgehalten, warum ließ er mich gehen?

In schier endlosen Grübeleien führen wir uns dann wieder vor Augen, was der Partner sich alles hat zuschulden kommen lassen. »Wie wenig hat er für unsere Beziehung getan, wie egoistisch hat er sich nur um sein eigenes Wohlergehen gekümmert.« »Wie wenig hat meine Partnerin mich verstanden, wie oft hat sie mich mit meinen Sorgen alleingelassen.«

Plötzlich erscheinen die kleinen Eigenheiten des anderen, die wir jahrelang toleriert haben, mit denen zu leben wir uns eingerichtet hatten, in einem ganz anderen Licht. »Diese Pedanterie, mit der sie immer hinter mir herräumte, so daß ich meine Sportsachen nicht dort fand, wo ich sie hingestellt hatte, war ja der reinste Psychoterror.« Oder: »Die Beharrlichkeit, mit der er die Fernbedienung für den Fernseher in der Hand behielt, war doch bezeichnend für seinen allumfassenden Machtanspruch.«

Auch Übereinkünfte, die wir miteinander getroffen haben, zum Beispiel, daß man Weihnachten immer zu »ihrer« Mutter fuhr, erscheinen jetzt als Teil eines großen Unterdrückungssystems ihrerseits. Und war »seine« Sparsamkeit in Wirklichkeit nicht nackter Geiz gewesen?

Es ist, als suchten wir sowohl nach einer Erklärung für das Ende dieser Beziehung als auch nach einer Möglichkeit, uns zu rechtfertigen, um unsere Schuldgefühle loszuwerden. Wir drehen uns im Kreis, finden immer neue Beweise für die Gefühllosigkeit des anderen. Systematisch entwerten wir das einstmals glänzende Bild des Partners und werfen uns vor, jahrelang einer Illusion aufgesessen zu sein und es zugelassen zu haben, uns von einem »Liebesdieb« ausbeuten zu lassen. Daran können sich Rachephantasien anschließen, in denen wir den anderen für die arglistige Täuschung über sein »wahres Gesicht« bestrafen wollen.

Daß wir überhaupt Wut verspüren und zulassen können, stellt nach dem Zustand von stumpfer Tatenlosigkeit unmittelbar nach der Trennung einen Schritt nach vorn dar. Mit der Wut bekommen wir wieder Boden unter den Füßen: Indem uns die Schattenseiten des Partners und die Kehrseiten der Beziehung bewußt werden, fällt es uns leichter, dem Vergangenen und Verlorenen nicht mehr so schwermütig nachzuhängen. Dann können wir uns sagen: »Gut, daß es zu Ende ist.«

Eine Teilnehmerin eines Trennungsseminars berichtete, wie sehr es ihr geholfen hatte, ihrer Freundin gegenüber einmal all ihren Groll auf ihren Exmann drastisch und wortreich zum Ausdruck zu bringen. Gemeinsam empörten sie sich über die Charakter- und Verantwortungslosigkeit dieses Schuftes. Es tat ihr gut, ihrem Herzen einmal so richtig Luft zu machen und sich im Wechselspiel mit der Vertrauten immer phantastischere Verwünschungen für ihn auszudenken.

Solche Phantasien können eine entlastende Funktion haben und uns in die Lage versetzen, zum verlorenen Partner auf Distanz zu gehen. Doch wenn wir versuchen, Rachephantasien in die Tat umzusetzen, erreichen wir das Gegenteil, wir bleiben auf schmerzhafte und destruktive Art an ihn gebunden.

Dann wieder gibt es Augenblicke, da ziehen wir uns gekränkt und trotzig in uns selbst zurück und nehmen uns vor: »Das passiert mir nicht noch einmal. Das nächste Mal wird der andere unter mir leiden.« Wir versuchen uns in einer zynischen Haltung gegenüber allen Vertretern des anderen Geschlechts: Ab jetzt werden wir es »den Männern« oder »den Frauen« aber tüchtig schwermachen, uns zu erobern. Nähert sich uns ein harmloser Interessierter, wenn wir in solch einer Stimmung sind, wundert er sich wahrscheinlich über die schnippische Abfuhr, mit der wir auf seine freundliche Annäherung reagieren.

Draußen, in den Straßen und Parks scheint alle Welt nur paarweise unterwegs zu sein. Wir trösten uns dann vielleicht über unser Alleinsein hinweg, indem wir uns vorstellen, welche verbissenen Grabenkämpfe sich hinter den Fassaden dieser scheinbar glücklichen Gespanne abspielen. Oder wir denken mit schiefem Lächeln über die traute Zweisamkeit: »Ihr kommt auch noch dran.« Um Menschen, die wir mögen, vor dem uns plötzlich überfallenden Neid zu schützen, meiden wir das Zusammensein mit glücklichen Paaren in unserem Freundeskreis und ziehen die Gesellschaft von anderen Verlassenen oder überzeugten Singles vor.

Die Freundin, die wir vielleicht früher, als wir noch in der Partnerschaft lebten, nicht so oft gesehen haben, wird jetzt zur treuen Weggefährtin bei unseren ersten zaghaften Ausflügen zu den Treffpunkten der Kontaktwilligen. Dem Freund, den wir damals vielleicht nur ein- oder zweimal im Jahr besucht haben, kommen wir wieder näher, wenn wir ihn in nächtelangen Gesprächen an unserem Seelenzustand teilhaben lassen. Aber wir müssen auch erfahren, daß manche Menschen, die wir für gute Freunde hielten, sich zurückziehen, als hätten wir eine ansteckende Krankheit. Vielleicht befürchten sie, möglicherweise in die Spannungen zwischen den beiden Getrennten hineingezogen zu werden, wenn sie den Kontakt aufrechterhalten. Oder es kriselt in ihrer Partnerschaft ebenfalls, und sie möchten gar nicht erst mit den näheren Einzelheiten einer Trennung in Berührung kommen, um nicht selbst darin eine Lösung ihrer Beziehungsprobleme sehen zu müssen. Es ist häufig zu beobachten, daß sich in Freundeskreisen eine regelrechte Trennungswelle entwickelt, nachdem ein Paar auseinandergegangen ist.

An manchen Tagen lockert sich der Ring von Bedrükkung um unsere Brust ein wenig. Das ungewohnte Alleinsein zeigt sich uns von seiner angenehmeren Seite – der Freiheit. Warum sollen wir nicht einmal Samstags morgens in aller Frühe einen Spaziergang zum Botanischen Garten machen? Es hat etwas für sich, sich endlich einmal den exzentrischen Hut zuzulegen, ohne die jeden modischen Mut hemmende Frage zu hören: »Willst du damit etwa auf die Straße gehen?« Kleine Dinge des Alltags, etwa ein Blumenstrauß, den wir uns gönnen, oder eine kurze, freundliche Unterhaltung im Treppenhaus, können uns in einem Maße erfreuen, wie wir es gar nicht von uns kennen. Kleine Gesten von Menschen, die uns nicht einmal so sehr nahe stehen – wie das Stück vom selbstgebackenen Kuchen, das uns eine Kollegin mitbringt –, gewinnen jetzt an Bedeutung.

An anderen Tagen überkommen uns diffuse Ängste: »Wie soll ich bloß allein mit dem Alltag fertig werden?« »Wie wird mich das Schicksal für mein Versagen und meine Schuld bestrafen?« Dann glauben wir, daß wir es unmöglich schaffen können, ohne den Partner, der so lange Zeit unser ständiger Begleiter war und der für das eine oder andere zuständig gewesen ist, zurechtzukommen. So wie es aussieht, haben wir zwar alles im Griff – die Daueraufträge für Miete und Strom laufen, das Konto ist im grünen Bereich, wir gehen regelmäßig zur Arbeit und vergessen auch nicht, den Kühlschrank zu füllen –, aber dennoch spüren wir eine unterschwellige Befürchtung, daß Gefahren auf uns lauern. Was ist, wenn etwas Unvorhersehbares passiert, ein Wasserrohrbruch, ein Erdbeben, eine Flutkatastrophe?

Wenn wir unsere Wut eher gegen uns selbst richten, weil wir es uns übel nehmen, daß wir uns getäuscht haben, kann das zu selbstzerstörerischen Verhaltensweisen führen. Vielleicht versuchen wir, mit Alkohol oder Beruhigungs- und Schlaftabletten den Schmerz und die zermürbenden Selbstvorwürfe zum Schweigen zu bringen. Oder wir stürzen uns in riskante Liebesabenteuer: »Jetzt kommt es auch nicht mehr darauf an; es ist egal, was mit mir wird.« Es ist auch möglich, daß wir uns gequält fühlen von einem unerbittlichen Gewissen, das uns vorwirft, nicht genug zur Rettung der Beziehung getan zu haben. »Wäre ich doch nicht so stolz und eigensinnig gewesen ...«, »Ich hätte mehr Rücksicht auf die Schwächen des Partners nehmen sollen.«

Zuweilen steigern sich die Selbstzweifel bis zur Verzweiflung, und wir können uns nur noch in die Depression fallen lassen: »Nie wieder werde ich jemanden finden können. Ich werde für immer allein bleiben müssen.« »Wenn ich plötzlich auf der Straße tot umfallen würde, es würde niemanden kümmern. Keiner würde mich vermissen.« In schlaflosen Nächten schleicht sich vielleicht der Gedanke ein, das Beste sei doch, einfach Schluß zu machen mit allem. Denn wir fühlen uns ungeliebt und ungewollt, und das Scheitern der mit so vielen Hoffnungen begonnenen Beziehung dient uns als Beweis dafür, daß wir bei unserer Lebensplanung kläglich versagt haben. »Lohnt es sich überhaupt noch, als ›verkrachte Existenz‹ weiterzumachen?«

Wenn uns in dieser Phase des Trennungsprozesses jemand begegnet, der uns ein bißchen Aufmerksamkeit schenkt und »etwas von uns will«, ist es sehr gut möglich, daß wir sofort darauf anspringen. Daß uns doch noch jemand zu begehren scheint, tut unserem wunden Ego gut. Wie Balsam legt sich das Interesse dieses fremden Menschen auf unsere geschundene, verletzte Seele. »Sie ist verheiratet?« – »Macht nichts. Ich will ja gar nicht viel, nur ein bißchen Nähe und Zärtlichkeit.« Und schon sind wir in eine komplizierte Dreiecksgeschichte verstrickt, die uns noch mehr Kummer und viele Stunden vergeblichen Wartens beschert.

Je nachdem, in welcher – trüben, resignativen oder deprimierten – Stimmung wir gerade sind, sind wir so dankbar für das freundliche Angebot an Zuneigung, daß wir nicht so genau hinschauen. Sonst wäre es uns sicher aufgefallen, daß die Komplimente dieses Fremden etwas zu dick aufgetragen sind. Normalerweise, das heißt in unserem »Normalzustand«, würden wir es auch nicht so ohne weiteres zulassen, daß er den Arm um uns legt. Aber es ist so angenehm, sich wieder einmal an eine starke Schulter anzulehnen.

Es gehört nicht viel mehr dazu, und schon stehen wir in Flammen. »Ich glaube, ich bin verliebt«, gestehen wir einer Freundin nach dieser »verrückten« Nacht mit ihm. Noch finden wir es ganz in Ordnung, daß er nicht gleich am nächsten Tag anruft. »Er will mich nicht bedrängen; schließlich weiß er, daß ich gerade eine Trennung hinter mir habe. Außerdem hat er mir gesagt, daß er im Moment viel zu tun hat«, beschwichtigen wir ihre besorgten und warnenden Einwände. Doch nach einer Woche überfällt uns der Katzenjammer, und es geht uns für eine Weile schlechter als zuvor. Wir ärgern uns über unsere Leichtgläubigkeit und naive Offenheit. Nachdem wir ein paar Tage aufgeatmet hatten und uns schon ganz plötzlich erlöst sahen von der Auseinandersetzung mit der »Altlast«, haben wir jetzt noch eine Schramme mehr. Anlaß genug, uns wieder einmal über »die Männer« oder »die Frauen« und ihre – wie es scheint – geschlechtsspezifische Neigung zu Unaufrichtigkeit und Ausbeutung aufzuregen.

Intensive, wenn auch aussichtslose Liebesaffären können in dieser Phase aber auch eine sinnvolle Funktion erfüllen.

Karin, eine 29jährige Friseurin, hatte sich gerade von ihrem Mann getrennt, als sie Bernd, einem 38jährigen Sozialpädagogen begegnete. Sie hatten sich bei einem Gartenfest von gemeinsamen Bekannten kennengelernt. Es war für beide »Liebe auf den ersten Blick« gewesen. Er war in seiner Ehe sehr unglücklich und wollte gerade aus der gemeinsamen Wohnung ausziehen. Aus Rücksicht auf seine Frau, die durch die bevorstehende Trennung schon genug belastet sei, wie Bernd meinte, konnte er Karin nur selten und auch dann nur für ein paar kurze, schöne Augenblikke besuchen. Sie hatte Verständnis dafür, zeigte es ihr doch, wie fürsorglich er mit anderen Menschen umging. Doch auch als er ein kleines Appartement gefunden hatte, sahen sie sich nicht öfter. Eine gemeinsame Woche in Griechenland besänftigte aber wieder alle ihre Zweifel an seinen Gefühlen für sie. Ihre Liebe zu ihm schien trotz – oder wegen? – der seltenen und kostbaren Augenblicke ihrer Gemeinsamkeit nichts von ihrem anfänglichen Feuer zu verlieren.

Nach dreieinhalb Jahren hatte sich ihre Beziehung immer noch nicht in ein Zusammenleben verwandelt, wie Karin es sich wünschte. Im Gegenteil: Bernd war zu seiner Frau zurückgekehrt und kam nur noch ab und zu einmal bei Karin vorbei.

Sie wandte sich an mich wegen einer Beratung, als sie zunehmend unter dieser Beziehung litt, dabei aber das Gefühl hatte, sich nicht trennen zu können. Wir betrachteten ihre Situation unter der Fragestellung: Welchen Sinn könnte es haben, daß sie an dieser offensichtlich unbefriedigenden Beziehung festhielt? Sie erzählte, daß sie in ihrer Ehe sehr stark auf die Wünsche ihres Mannes eingegangen war. Jede freie Minute hatte sie mit ihm zusammen verbracht; alles hatte sich immer um ihn gedreht. Dabei war es für beide nicht die »große Liebe« gewesen. Mehr und mehr hatte sie das Gefühl gehabt, er drücke ihr die Luft ab. Schließlich hatte sie ihn verlassen.

Zuerst hatte er sie mit allen Mitteln zurückzuholen versucht: Er hatte getobt und gebettelt, geweint und mit Selbstmord gedroht. Mit Hilfe ihrer Freundinnen, die sie in ihrer Ansicht unterstützten, daß in dieser abhängigen Beziehung keiner von beiden zufrieden werden könnte, war sie standhaft geblieben. Zu ihrer großen Verblüffung teilte er ihr sechs Wochen nach der Trennung ganz vergnügt mit, daß er die »Frau seines Lebens« gefunden hätte. Karin fühlte sich gekränkt. So schnell war er über den Verlust hinweggekommen? Zu diesem Zeitpunkt war sie gerade mitten in der Auseinandersetzung mit ihrer Einsamkeit. Sie fühlte sich verraten und verlassen, litt an Schlafstörungen und konnte sich bei der Arbeit nur mühsam konzentrieren. Am Wochenende überließ sie sich ihrer Depression, blieb meist im Bett und erledigte nur das Notwendigste. Der Gedanke, für immer allein bleiben zu müssen, und die Überzeugung, daß etwas an ihr nicht stimmte, weshalb sie immer die falsche Partnerwahl traf, trieben sie zur Verzweiflung.

Kurz darauf hatte sie sich in Bernd verliebt. Schlagartig war es ihr bessergegangen. Ihre alte Lebenslust war wiedergekehrt. Allerdings stellten sich schon bald darauf, und von da an immer wieder, gefühlsmäßige »Abstürze« ein. Intensive Sehnsucht nach Bernd quälte sie, wenn er wochenlang nichts von sich hören ließ. Sie befürchtete, er käme nie wieder zu ihr.

Wenn er aber da war, fühlte sie sich wie auf Wolken. Jeder Augenblick mit ihm machte sie glücklich.

In unseren Gesprächen fanden wir heraus, daß sie innerhalb der Beziehung zu Bernd die intensiven Gefühle des Trauerprozesses um ihre Ehe erlebte. Dabei konnte sie nie ganz »abstürzen« in den von ihr so sehr gefürchteten Abgrund tiefster Depression und Hoffnungslosigkeit. Sie hing sozusagen an der langen Halteleine ihrer Liebe zu Bernd.

In dieser Beziehung war von Anfang an mehr Raum zwischen den Partnern gewesen. Es stellte sich heraus, daß Karin es sehr an Bernd geschätzt hatte, daß er nicht solch ein »Klammerer« war, sondern immer auch noch eigene Interessen gepflegt hatte. Er hatte sie darin bestärkt, als sie mit dem Gedanken spielte, sich beruflich weiter zu qualifizieren. Sie stand jetzt kurz vor ihrer Meisterprüfung. Könnte darin der Sinn ihres, für sie selbst unverständlichen, Festhaltens an dieser Verbindung liegen? Karin meinte, daß sie sich ohne Bernd wahrscheinlich über kurz oder lang wieder in eine sehr enge Partnerschaft gestürzt hätte; sie kannte diese Neigung von sich. Wer weiß, ob sie dann die Motivation, die Energie und auch die Zeit gehabt hätte, so entschieden ihre beruflichen Pläne zu verfolgen.

Jetzt, kurz vor Erreichen ihres Zieles, wurde ihr deutlich, daß sie sich eine andere Art der Beziehung wünschte, eine, in der sowohl Raum für ihre Unabhängigkeit war als auch für ihre Bedürfnisse nach Nähe und Zugehörigkeit.

Manchmal entsteht eine »Übergangsbeziehung« zu einem Menschen, der bereit ist, die Lücke zu füllen, die wir gerade zu spüren beginnen. Es ist keine »reife« Wahl, die wir in dieser Situation treffen; wir fragen uns nicht, ob wir wirklich diesen Menschen meinen. Alles, was wir in dem Augenblick wollen, ist, nicht mehr dieses quälende Alleinsein zu empfinden. Eine Wahl setzt das Vorhandensein von Alternativen voraus, mag es auch nur die Alternative des Für-sich-bleiben-Könnens sein. Aber genau das glauben wir nicht ertragen zu können, wenn Erinnerungen an gute Momente zu zweit unsere Sehnsucht anfachen.

Es kann sein, daß wir dann wie unter Zwang ganz rasch eine Beziehung nach dem alten Muster herstellen. Wir verlieren keine Zeit damit, diesen Menschen näher kennenzulernen und abzuwarten, wie sich unsere Beziehung entwickelt. Statt dessen drängen wir vielleicht darauf, sofort jede freie Minute miteinander zu verbringen oder die Mahlzeiten gemeinsam einzunehmen – wie wir es gewohnt waren. Im Grunde führen wir noch einmal das gleiche Stück auf. Wir haben nur den Spielpartner ausgewechselt. Da wir aber nicht wirklich frei sind von der vergangenen Beziehung, und weil Menschen nicht einfach so austauschbar sind, wundern wir uns vielleicht bald darüber, weshalb diese Gemeinsamkeit so seicht und oberflächlich bleibt, und warum sich die neue Beziehung nicht weiterentwickelt.

Es ist auch möglich, daß wir in solch einer Verbindung eine Lösungsmöglichkeit für unsere alten Schuldgefühle entdecken. Wenn uns dann irgendwann einmal auffällt, daß wir uns diesem Menschen gegenüber so verhalten, wie es sich unser Expartner immer vergeblich von uns gewünscht hat, dann können das Wiedergutmachungsversuche sein, in deren Genuß der neue stellvertretend für den alten Partner kommt: Wir vervollkommnen plötzlich unsere bisher eher begrenzten Kochkünste, um ihm jeden Abend etwas Schmackhaftes vorzusetzen; während wir früher in sexueller Hinsicht eher konservative Begegnungsformen bevorzugten, werden wir nun sehr experimentierfreudig usw.

Vielleicht brauchen wir solche Umwege, bis wir in der Lage sind, wirkliche Trauer um den Verlust der vergangenen Beziehung zu erleben. Oft ist das erst möglich, wenn sich die heftigsten Erschütterungen durch Verlassenheitsgefühle und Ängste vor Einsamkeit und Ungewißheit gelegt haben.

Aufrichtiges Trauern entspricht weder dem dumpfen Lähmungszustand der Depression, noch hat es etwas mit der dramatischen Selbstzerfleischung des Selbstmitleids zu tun. Wir spüren es deutlich, daß wir etwas Wichtiges und Wertvolles verloren haben; das tut weh, aber wir verlieren uns nicht darin. Wir können akzeptieren, daß diese Beziehung an ihr Ende gekommen ist, und wir müssen nicht mehr nach unserer oder der Schuld des anderen suchen. Wir können Abschied nehmen von dem, was gewesen ist, und auch von dem, was wir beide uns für die Zukunft gewünscht haben. Unsere Tränen können dann etwas in uns lösen, und wir fühlen uns getröstet, wenn wir uns »ausgeweint« haben. In dem Maße, wie der Schmerz immer weiter nachläßt, können wir die vergangene Verbindung als einen kostbaren und uns bereichernden Teil unserer selbst, als einen wesentlichen Bestandteil unserer persönlichen Geschichte annehmen.

Wenn wir auf den Menschen wütend werden, mit dem wir uns so lange als Einheit gesehen haben, stellen wir uns ihm gegenüber. Plötzlich können wir die Grenze zwischen uns beiden wahrnehmen: Meine Belange unterscheiden sich von seinen. Gerade wenn wir es waren, der sich in der Beziehung eher zurückgenommen hat mit seinen Ansprüchen, kann das Gewahrwerden dieses Unterschiedes besonders schwierig, aber auch heilsam sein. Die Wut auf den Partner kann zum Motor werden, der unseren Kampf um uns selbst antreibt.

Vielleicht kommen wir uns erst einmal sehr »egoistisch« vor, wenn wir klare Forderungen, etwa nach unserem Anteil am gemeinsamen Besitz, nach dem »Zugewinnausgleich«, stellen. Möglicherweise schießt ein bisher besonders zaghafter und zu Aufopferung neigender Mensch tatsächlich zunächst etwas übers Ziel hinaus. Hier erscheint es angebracht, professionelle Helfer, etwa Scheidungsanwälte oder Mediatoren, also spezielle Vermittler in Trennungsfragen, hinzuzuziehen. Auch wenn sich dadurch höhere Kosten in finanzieller Sicht ergeben, so läßt sich doch durch das Einschalten neutraler Experten die Gefahr emotionalen Schadens begrenzen. Indem wir uns um materielle Werte auseinandersetzen, und zwar auf eine realitätsbezogene und den üblichen Rahmen berücksichtigende Art und Weise, lösen wir uns auch symbolisch voneinander. Es gilt, dabei den eigenen Wert, aber auch den des Partners aufrecht zu erhalten.

Es kann dabei zu Regelungen kommen, die Außenstehenden so erscheinen, als benachteiligten sie einen der Verhandlungspartner. Das ist aber nicht zwangsläufig ein Resultat des Kampfes darum, wer bei den Trennungsvereinbarungen als Gewinner und wer als Verlierer dasteht. Darin kann sich ebensogut ein subtiler Versuch äußern, einen Ausgleich zu schaffen. Die Frau, die auf jede ihr zustehende Unterhaltszahlung verzichtet, oder der Mann, der außer seinen persönlichen Dingen keine Ansprüche auf die gemeinsame Habe erhebt, können jeweils darin eine Möglichkeit sehen, den Partner oder die Partnerin zu entschädigen. Sie wollen den Ausgleich dafür schaffen, daß sie als erster das Ende der Partnerschaft wahrgenommen und die Initiative für eine Veränderung ergriffen haben.

Die (Er-)Lösung aus dieser Phase finden wir, wenn wir gelernt haben, uns so zu akzeptieren, wie wir sind, mit unseren vielfältigen zwischenmenschlichen Bedürfnissen – nach Anerkennung und Bestätigung, Verständnis und Geliebtwerden, nach Nähe und Geborgenheit und auch gelernt haben, Möglichkeiten zu ihrer notdürftigen Befriedigung wahrzunehmen. Wenn wir aus unserem Freundeskreis ein wenig Geborgenheit beziehen können und auch kleine Erfolgserlebnisse in unserem Beruf oder Alltag registrieren und genießen können, dann werden wir auch in der Lage sein, uns vorübergehend damit einzurichten, daß wir oft mehr oder weniger allein sind. Die Gefühlsstürme können sich wieder legen, sobald wir bereit sind, für eine Weile unser Alleinleben anzunehmen und das Beste daraus zu machen. Wenn wir das Alles-oder-nichts-Denken überwinden – »wenn ich nicht sofort einen Partner finde, werde ich für immer allein bleiben« –, lassen der innere Druck und die Unruhe nach, wir werden gelassener und gewinnen wieder Zuversicht.

13. Neuorientierung

*»Wenn man etwas zusammendrücken will,
muß man es erst sich ordentlich ausdehnen lassen.«*

Lao-tse

Wenn wir anfangen, wieder neugierig zu werden auf das, was uns hinter dem tiefen Tal der Verzweiflung und Traurigkeit begegnen wird, wenn wir – zaghaft noch – unsere Fühler ausstrecken nach anderen Menschen und neuen Interessengebieten, dann beginnt die Suche nach einem Neuanfang. Der leere Raum, der jetzt vor uns liegt, erscheint uns auf einmal nicht mehr als Ödnis nach der Zerstörung und Verwüstung, sondern als ein brachliegendes Feld, bereit, neu bepflanzt zu werden und wieder Früchte hervorzubringen.

Nachdem wir uns dem Sturm der widersprüchlichen Gefühle gestellt haben, die die Trennung mit sich gebracht hat, nachdem wir den Schmerz des Verlustes und die Schrecken des Verlassenheitsgefühls durchlebt haben, ohne in Haß oder Depression steckengeblieben zu sein, sind wir reif dafür, uns selbst und unsere Welt neu zu ordnen. Die Heftigkeit unserer Gefühle hat das Gerüst unserer Einstellungen und Vorstellungen, unserer Alltagsordnungen und Sichtweisen einmal tüchtig durchgerüttelt und manche Überzeugung ins Wanken gebracht.

Wir mögen viel verloren und einiges durchlitten haben, aber wir wissen, wir haben überlebt. Unser Selbstwertgefühl ist mächtig erschüttert worden, je nachdem, mit welchen Untiefen in uns selbst und mit welchen Vergeltungsmaßnahmen des anderen wir konfrontiert worden sind. Vielleicht haben wir geweint und darum gebettelt, alles noch einmal rückgängig zu machen; vielleicht sind wir mit unserer Sehnsucht nach ein bißchen Nähe in die eine oder andere zwischenmenschliche Falle geraten und haben uns in Verhältnisse begeben, die von vornherein aussichtslos waren und unserem Selbstbild eher geschadet haben. Auch das alles haben wir überstanden.

Wir haben aber nicht nur viel verloren und manche Feder gelassen, sondern wir sind auch von vielem frei geworden, das unser Denken, Fühlen und Handeln eingeschränkt hat. Endlich sind wir die Routine der ewig gleichen Alltags- und Freizeitgestaltung los. Es liegt jetzt bei mir, ob ich am Wochenende zu Hause bleibe und putze, oder ob ich einen Kurztrip nach Paris mache. Alte Interessen, die im Rahmen des gemeinsamen Lebens keinen Platz hatten, können uns plötzlich wieder fesseln. Manchmal ist es uns innerhalb einer Partnerschaft nicht möglich, gewisse Interessengebiete zu betreten oder Freizeitmöglichkeiten zu nutzen, entweder, weil wir uns irgendwann einmal darauf geeinigt haben, daß sie zu langweilig oder zu gefährlich, zu banal oder zu elitär, zu kostspielig oder zu anstrengend sind, oder weil wir das Expertentum des anderen in diesem Bereich nicht in Frage stellen wollen.

Marion, eine 34jährige Lehrerin, hatte oft den Wunsch geäußert, fotografieren zu lernen. Ihr Mann Uwe, ein 38jähriger Redakteur, besaß zwei sehr gute Kameras. Damit sie sich mit der Materie vertraut machen könnte, hatte er ihr einen Stapel Fachzeitschriften in die Hand gedrückt. Sie solle sich doch erst einmal um die Technik kümmern, hatte er gemeint. Vorher wollte er ihr die wertvollen Geräte nicht anvertrauen. Sie konnte mit den trockenen Artikeln nichts anfangen und machte sich Vorwürfe, weil sie offenbar doch nicht so motiviert war, die Sache zu lernen. Nach ihrer Scheidung ging sie kurz entschlossen in ein Fotogeschäft, ließ sich beraten und erwarb eine leicht zu bedienende Autofocuskamera. Schlagartig war ihr klargeworden, daß sie einfach nur ausprobieren wollte, ob sich das, was sie manchmal sah, aufs Foto bringen ließ. Die ersten Resultate ermutigten sie, und sie hatte ein neues Hobby gefunden.

In langdauernden Partnerschaften kann sich eine Art unsichtbarer Grenzmauer gegen neue Aktivitäten und andere Beziehungen bilden, die zu überschreiten einer Tabuverletzung gleichkommt. Mit dem Zerbrechen der Beziehung schmilzt dieser Wall gegen die vielfältigen Möglichkeiten, zu handeln und etwas zu erleben, und es eröffnet sich ein großes Spielfeld, in dem wir neue Erfahrungen machen können.

Warum sollen wir nicht einmal mitgehen zum Karneval oder zum Pferderennen, warum nicht einmal das Buch lesen, auf das uns das Bücherjournal im Fernsehen neugierig gemacht hat? Jetzt können wir wieder Einladungen zu Festen annehmen, auch wenn wir dort wahrscheinlich nur wenige Gäste kennen werden. Was soll's, wir erwarten ja nicht, dort dem Mann oder der Frau unseres Lebens zu begegnen, und wir suchen dort auch niemanden, dem wir unser Herz ausschütten können. Wir suchen nur ein bißchen Gesellschaft, und wenn es uns dort nicht gefallen sollte, gehen wir einfach wieder.

Ein ganz neues Gefühl für den eigenen Wert gibt uns den Mut, Veränderungen in vielen Bereichen in Erwägung zu ziehen. Vielleicht trauen wir uns jetzt einen beruflichen Neuanfang zu, vielleicht bilden wir uns weiter oder bauen einen Bereich aus, den wir bisher nicht beachtet haben. Warum nicht das Abitur nachholen oder einen Lehrgang für Führungskräfte mitmachen?

Wenn wir jetzt an die vergangene Beziehung denken, dann stellen wir uns viele Fragen, um zu verstehen, warum sie zu Ende gegangen ist. Warum war sie eine Zeitlang gut und richtig für uns? Wie haben wir uns selbst verändert, so daß diese Art der Partnerschaft nicht mehr zu uns paßte? Welche inneren und äußeren Faktoren haben eine Rolle gespielt? Welche »geheime Beziehungsphantasie« haben wir ihr zugrunde gelegt? Konnten wir uns vielleicht als wirkliche Menschen nicht näherkommen, weil wir unsere inneren Bilder vom »Traumpartner« nicht aufgeben konnten oder wollten? Wie realistisch waren unsere Erwartungen aneinander? Welche Ängste oder Grenzen konnten wir nicht überwinden? Haben sich unsere Lebensbedingungen so sehr verändert, daß wir auseinandergedriftet sind? Was hat uns verbunden? Welches Ziel hatte diese Beziehung? Was mußte aber auch ausgeschlossen werden? Welche unserer Neigungen und Liebhabereien haben wir aufgegeben, weil sie zu unserer gemeinsamen Lebensform nicht paßten?

Jetzt können wir den Partner als den sehen, der er für uns war: ein Gefährte, mit dem wir eine Strecke unseres Weges gemeinsam gegangen sind. Indem wir die vergangene Partnerschaft aus der Distanz betrachten, können wir herausfinden, was wir daran geschätzt haben, aber auch welche Mängel sie hatte. Beides kann dann in unser zukünftiges Modell von Zweisamkeit einfließen.

In der Phase der Neuorientierung steht das Experimentieren im Vordergrund. Wenn wir aufgehört haben, uns zu bedauern und das Vergangene zu betrauern, liegt die Aufgabe vor uns, eine neue Lebensform zu entwickeln, die uns in jeder Hinsicht mehr Raum und Möglichkeiten bietet, uns zu entfalten. Aber um herauszufinden, was für uns zukunftsträchtig werden kann, brauchen wir »Empirie«, Erfahrungen. Vieles von dem, was wir jetzt beginnen, wird nur von kurzer Dauer sein, Beschäftigungen und auch Kontakte, sowohl freundschaftlicher als auch unverbindlicherer Art.

Um wählen zu können, ist es notwendig, etwas auch wieder loslassen zu können – das gilt für Aufgaben ebenso wie für Beziehungen. Oft sind nach einer schwerwiegenden Trennungserfahrung noch einige »kleinere« Trennungen notwendig, bis wir das neue

Konzept für unser Leben gefunden haben. »Zu rasch Dauer wollen, bringt beharrlich Unheil«, warnt das I-Ging, das alte chinesische Buch der Weisheit. Es ist wichtig, daß wir uns Schlenker und Umwege zugestehen. Nichts ist vergeblich.

Vielleicht wollten wir immer schon einmal das Nachtleben unserer Stadt kennenlernen, und nun treffen wir diese leidenschaftliche Nachtschwärmerin, die uns gern an die »In-Plätze« führt. Oder wir geraten, ehe wir uns versehen, in eine Beziehung, die uns in die Position der Geliebten bringt. Solange uns klar ist, daß diese Freundin nächtlicher Geselligkeiten und daß dieser vielbeschäftigte und überzeugte Single sich nie in ein ruhiges Ehegespons verwandeln wird, können wir uns probehalber auf eine lokkere Beziehung zu ihr oder ihm einlassen.

Manchmal kommt es auch zu einer Wiederannäherung an den Expartner. Vielleicht können wir eine andere Art von Beziehung zueinander finden, jetzt, nachdem wir einander verziehen haben und die vergangene Bindung wertschätzen können. Freundschaften zwischen ehemaligen Ehe- oder Lebenspartnern können wahrscheinlich erst in diesem Stadium entstehen. Das setzt aber voraus, daß beide gleichermaßen Fortschritte in der Bewältigung der Trennung gemacht haben.

Zu dieser Experimentierphase gehört es auch, daß hier vieles nebeneinander bestehen kann, ohne den Zwang zur Vereinheitlichung oder zur Eindeutigkeit, den wir sonst oft verspüren. Wir gewinnen eine neue Beweglichkeit, können in verschiedene Rollen schlüpfen. Wo früher vielleicht alles zusammenpaßte – das Vorstadthaus mit dem gepflegten Garten und der gediegenen Einrichtung, der Tennisclub, die sorgfältig vorbereiteten Abendessen mit den Freunden aus ähnlichen sozialen Verhältnissen, die gelegentlichen Theaterbesuche –, finden wir jetzt Zugang zu ganz unterschiedlichen Gruppen und Bereichen. In unserer Altbauwohnung mit dem verblichenen Charme der Jahrhundertwende räkelt sich die Katze auf dem Flohmarktsofa, und in der Küche ist wochenlang eine Ecke mit dem Frühbeet belegt, in dem wir die Pflanzen für den Balkon ausgesät haben; bei unseren improvisierten Festen geht es lebhaft zu, wenn unsere treue Freundin aus den alten Tagen des Ehefrauendaseins auf den etwas zerzausten Kommilitonen aus dem Philosophiekursus trifft und wir uns über Zen-Buddhismus unterhalten. Es erscheint uns als durchaus vereinbar, sowohl Mitglied in dem teuren Fitneßclub zu sein als auch in der Bürgerinitiative zur Stadtteilbegrünung. Entsprechend vielfältig sind unsere Erlebnisse, die mit anderen und auch die, die wir mit niemandem teilen.

In diesem Spielfeld müssen wir uns noch nicht auf etwas Bestimmtes festlegen. Vieles kann in der Schwebe bleiben, und wir müssen nicht zu allem eindeutig Stellung beziehen. Ein bißchen geht es uns wie einem Jugendlichen, dem noch viele Möglichkeiten offenstehen.

Vielleicht knüpfen wir im Hinblick auf unsere Beziehungsgewohnheiten an Formen an, die wir in unserer Jugend gepflegt haben – etwa, wenn wir mit der besten Freundin ausgehen, um nach Flirts Ausschau zu halten, oder wenn wir mit »den Jungs auf die Piste« gehen. Ungebunden wie wir sind, können wir manches ausleben, was wir während der Zeit der Partnerschaft zurückgehalten haben oder von dem wir gar nicht wußten, daß es in uns schlummerte. Es kann sein, daß wir, wie in der Jugend, erst einmal unverbindliche Freundschaften oder sexuelle Beziehungen zu potentiellen Partnern anbahnen, mit denen uns nur begrenzt gemeinsame Interessen verbinden. Wir werden aber wahrscheinlich früher oder später feststellen, daß es das nicht ist, was wir langfristig brauchen. In dem Maße, in dem der Groll auf den Expartner vergeht, werden wir uns auch wieder an das Gute in dieser Beziehung erinnern, an die Geborgenheit und das Vertrauen, das uns eine auf Dauer angelegte und auf eine gemeinsame Entwicklung zielende, verbindliche Beziehung geben kann.

Alles, was wir in diesem Durchgangsstadium tun, hat den Charakter der Vorbereitung auf eine neue Verbindlichkeit. Wir sind für die Art und Weise, wie wir unsere Zeit verbringen, niemandem Rechenschaft schuldig, aber es wartet auch niemand auf uns. Diese Leerstellen ermöglichen es, uns intensiv um uns selbst zu kümmern.

Wenn wir die Stille ertragen können und es aushalten, oft nur uns selbst überlassen zu sein, können wir viele Eindrücke aus der Innen- und Außenwelt sammeln, die sich nur im Zustand der Muße erschließen. Lange Spaziergänge, ein zeitloses Verweilen an einem schönen Platz mit Blick auf den Fluß, Musikhören, Schwimmen, ein Saunabesuch vermitteln uns sinnliche Erlebnisse, die uns mit tiefer Ruhe und Gelassenheit erfüllen können.

»Erkenne dich selbst«, stand über dem Eingang zum Orakelort in Delphi, was wir – frei nach Goethe – ergänzen: »und tue das Deine«. In dieser Lebenssituation haben wir Gelegenheit dazu. Bei allem Kummer, den uns Trennungskrisen aufbürden, bieten sie uns doch eine Chance, unsere Lebensbedingungen noch einmal neu zu ordnen – mit allem, was dazugehört.

14. Das neue Lebenskonzept

Nachdem wir gelernt haben, wieder mit uns allein zu sein und sogar Freude an unserer Gesellschaft empfinden können, haben wir die Ruhe und auch die Zeit, unsere Wertvorstellungen zu überprüfen und zu korrigieren. Worum geht es mir wirklich, was ist mir wichtig? Ist der Kurs, den ich vor Jahren beruflich eingeschlagen habe, wirklich der, den ich immer noch will? Will ich weitermachen, weiter aufsteigen in den Gehaltsklassen? Oder würde mich eine Veränderung zufriedener machen, die mir zwar weniger Einkommen, aber dafür eher die Tätigkeiten ermöglicht, die ich gern tue?

Durch die Erschütterung auch unserer Gewohnheiten sind die Karten in unserem Leben noch einmal neu gemischt worden. Weil der Mensch fehlt, mit dem wir unsere intimsten Gedanken und Gefühle austauschen konnten, haben wir gelernt, vieles für uns zu behalten, aber auch, Anregungen von außen auf subtileren Wegen zu erhalten.

Vielleicht haben wir andere Möglichkeiten entdeckt, Distanz zu belastenden Situationen herzustellen, damit wir sie einschätzen und uns Lösungsmöglichkeiten überlegen können. Dann entdecken wir etwa, daß die Lektüre eines Buches, das »unser« Thema romanhaft behandelt, uns nicht nur zeitweise wegführt von der aktuellen Situation, sondern uns auch auf neue Ideen zu ihrer Lösung bringen kann. Es kann auch sein, daß wir die Erfahrung machen, wie Sport die körperlichen Auswirkungen von seelischen Spannungen lockern kann.

Auf diese Art entsteht ein neues Konzept dafür, wie wir unseren Alltag gestalten: Wir finden zu einem neuen Verhältnis von Arbeit, Anstrengung, Anspannung und ausgleichender Freizeitgestaltung, die der Entspannung und Erholung dient. Die Pflege anderer, nicht direkt berufsbezogener Interessen verschafft uns eine breitere Basis für die Befriedigung unserer Bedürfnisse und Wünsche.

Langsam beginnen wir darüber nachzudenken, ob wir uns wieder binden wollen. Welche Art von Beziehung wünsche ich mir jetzt? Welchen Stellenwert hat eine intime, dauerhaft angelegte Bindung für mich? Welche Bedeutung will ich ihr in Zukunft geben?

Während wir in der Orientierungsphase relativ offen und unverbindlich auf potentielle Beziehungspartner zugegangen sind und uns gern von ihnen überraschen ließen, haben wir jetzt zu Vorstellungen gefunden, was wir uns von einem Partner wünschen. Die Erfahrungen, die wir in den mehr oder weniger flüchtigen Begegnungen mit Männern oder Frauen gemacht haben, haben uns gezeigt, was wir nicht wollen und was keine Zukunftsaussichten in sich trägt. Wir haben einiges ausprobiert, und manches war eine Zeitlang Teil unseres Lebens, aber wir haben es wieder aufgegeben, weil es doch nicht zu uns paßte.

Wir müssen nicht mehr jedes Wochenende ausgehen, um die Plätze des – wie es uns anfangs erschien – »pulsierenden« Lebens zu besuchen. Wir haben erkannt, daß wir dort nicht finden können, was wir wirklich brauchen. Es ist uns angenehm, mit uns allein zu sein, und wir können uns an unserem inneren Reichtum erfreuen, ohne unbedingt die Bestätigung durch einen anderen haben zu müssen. Das heißt nicht, daß wir nichts vermissen oder keine Sehnsucht mehr spüren, aber wir können warten. Der Drang, unbedingt und möglichst schnell einen Mann oder eine Frau »haben« zu müssen, hat nachgelassen.

Im stillen machen wir den Entwurf für die Beziehung, die zu uns passen würde und in der Platz ist für unser neu erstarktes Ich. In dem Prozeß, der hinter uns liegt, haben wir uns selbst besser kennengelernt; wir wissen, wovon wir nicht mehr absehen können und was wir beanspruchen werden. Jetzt sind wir neugierig auf eine wirklich intime Beziehung. Mehr und mehr gewinnen wir an Zuversicht, daß »da draußen« jemand ist, der sich über die Begegnung mit uns, so wie wir sind, freuen wird, und den zu entdekken uns Freude machen wird.

Unser Hang zu vordergründig interessanten Menschen, die ihre Attraktivität sozusagen auf dem Tablett vor sich her tragen, nimmt ab. Wir haben eine gesunde Skepsis entwickelt gegenüber denjenigen, die uns gleich den »Himmel auf Erden« versprechen und mit der »Tür ins Haus fallen«.

Vielleicht zweifeln wir auch ab und zu daran, ob wir uns überhaupt noch einmal werden verlieben können, denn unsere »Entflammbarkeit« hat sehr nachgelassen. Wir empfinden Sympathie für andere Menschen, flirten vielleicht auch ganz gern einmal mit jemandem, aber wir können es beim Spiel belassen.

Vielleicht ziehen uns jetzt die stilleren, nicht auf den ersten Blick aufregenden Menschen an. Gemeinsame Interessen, ähnliche Wertvorstellungen und die Bereitschaft, sich auf ein langfristiges Abenteuer des Zusammenwachsens und -lebens einzulassen, sind nun die Kriterien bei der Suche nach einem potentiellen Partner. Wo wir uns früher vielleicht mehr an äußeren Merkmalen – der Schönheit, der guten Figur, dem sozialen Status und der Aussicht auf Sicherheit – orientiert haben, legen wir jetzt mehr Wert auf Seelenverwandtschaft und achten beim anderen auf Wesenszüge, die unseren ähnlich sind oder sie ergänzen. Wir wünschen uns gegenseitiges Verständnis und die Fähigkeit zur Fürsorglichkeit.

Wir wollen keine Neuauflage des Bekannten, sondern die lebendige Entwicklung einer ganz neuen Beziehung. Mehr und mehr gewinnt unser neues Modell von lebendiger Zweisamkeit an Kontur. Die Erfahrungen, die wir in unserer, nun bewältigten, vergangenen Partnerschaft gemacht haben, bieten uns dafür wichtige Hinweise, sowohl dafür, was wir gern wieder finden möchten, als auch dafür, was wir anders machen möchten.

15. Sackgassen und Fußangeln

Dieser komplizierte Prozeß der Bewältigung eines schwerwiegenden Verlustes, den ich in einem möglichen und wünschenswerten Verlauf beschrieben habe, stellt eine große Herausforderung an unsere Leidensfähigkeit und unsere seelische Flexibilität dar. Nicht immer wird es möglich sein, alle vier Phasen zu durchlaufen und alle vier Aspekte in dem Maße zu berücksichtigen, daß wir am Ende als »neuer Mensch« daraus hervorgehen.

Viele Faktoren beeinflussen den Trauerprozeß: Wie unsere Eigenart ist und an welchem Punkt unserer Lebensentwicklung wir mit dieser schweren Krise konfrontiert werden; wie unsere aktuelle Situation beschaffen ist, zum Beispiel, ob wir am Anfang einer beruflichen Laufbahn stehen oder in dieser Hinsicht schon in festen Gleisen fahren; welchen familiären Verpflichtungen und Verbindlichkeiten wir unterworfen sind; und nicht zuletzt, wie unsere »Mitspieler« geartet sind.

Vielleicht steht bei unserem eigenen Trauerprozeß ein bestimmter Aspekt im Vordergrund, während die anderen nicht so viel Bedeutung bekommen.

In manchen Fällen wird der Aspekt des Nicht-wahrhaben-Wollens die größte Schwierigkeit mit sich bringen, wenn wir es lange gefühlsmäßig einfach nicht fassen können, daß diese wunderbare Beziehung zu Ende gegangen ist. Dann ist der für uns wesentliche Entwicklungsschritt, zu lernen, uns mit einer unabänderlichen Tatsache abzufinden. Die Erfahrung, daß wir etwas aufgeben können, ohne daran zu zerbrechen, kann dann Teil unseres Lebenskonzeptes werden, mit dem wir einen Neuanfang wagen können.

Unter anderen Umständen wird der Aspekt der aufbrechenden Gefühle zu dem Prüfstein, an dem wir unsere Fähigkeit, etwas in der Schwebe halten zu können, bis zum äußersten Punkt entwickeln müssen. Dann kann es geschehen, daß wir für das Experimentieren und die Neuordnung unter dem Aspekt der Neuorientierung schon einen Gefährten finden und gemeinsam ein neues Lebenskonzept gestalten. Es ist auch möglich, daß wir am Ende unserer Neuorientierung feststellen, daß für uns eine nahe, intime Partnerschaft nicht mehr in Frage kommt. Vielleicht kommen wir zu der Überzeugung, daß wir mit weniger verbindlichen Beziehungen zu anderen Menschen besser zurechtkommen und entdecken, daß andere Ziele für uns wichtiger sind. Dann können wir uns mit aller Ruhe in einem Leben als Single einrichten, ohne das als einen Verzicht zu erleben.

Aber wie alle komplizierten Veränderungsprozesse enthält auch der Trauerprozeß Gefahren und Risiken. Wir können vom Weg abkommen, in Fußangeln stolpern und in Sackgassen geraten. Vor allem können wir in der Phase des Nicht-wahrhaben-Wollens steckenbleiben oder in der Phase der aufbrechenden Gefühle auf Lösungsmöglichkeiten verfallen, die nicht weiterführen.

Das Verleugnen oder Bagatellisieren des Verlustes einer bedeutsamen Beziehung können wir als eine Erste-Hilfe-Maßnahme für ein von inneren und äußeren Erschütterungen bedrohtes Ich verstehen. Unter dem Schock, den die Trennung verursacht, zieht es sich in eine Art Ohnmachtszustand zurück, um den Schmerz nicht zu spüren. Damit wird der Abgrund von Verlassenheit und Ungewißheit, wie es weitergehen soll, überbrückt. In den meisten Fällen werden wir diese Notlösung aufgeben können und früher oder später die Tatsache akzeptieren, daß die Trennung etwas Wirkliches ist, das heißt, wir werden uns mit ihren vielfältigen Konsequenzen auseinanderzusetzen beginnen.

Solche Notlösungen können aber auch als dauerhafte Möglichkeit zur Krisenbewältigung beibehalten werden. Die Angst vor dem Bündel schmerzhafter Gefühle – Verlassenheitsgefühl und Einsamkeit, Ausweglosigkeit und Hoffnungslosigkeit, Schuldgefühl und Versagensangst, Enttäuschung und Wut, Ratlosigkeit und Niedergeschlagenheit – kann größer sein als die Einsicht, daß auch Scheitern und Enttäuschungen im Leben hingenommen werden müssen und gemeistert werden können.

Das Bekenntnis aus glücklicheren Tagen »Ich kann nicht ohne dich leben« wird dann wörtlich genommen, und man richtet sein Leben so ein, als sei der andere nur vorübergehend abwesend. In der Wohnung wird alles so belassen, wie es war, als der Partner noch dort lebte. Seine oder ihre »Hinterlassenschaft« aus persönlichen Gegenständen, von den Sportpokalen bis zum Strickkorb, bleibt an ihrem Platz. Jede eigene Entscheidung – »Soll ich jetzt in Urlaub fahren?« »Soll ich mir eine neue Wohnung suchen?« »Welche Art von Bett soll ich mir anschaffen?« – wird im Hinblick auf mögliche Wünsche und Bedürfnisse des anderen getroffen – »Vielleicht möchte er ja im nächsten Monat mit mir zusammen verreisen.« »Das Haus ist zwar zu groß und zu teuer für mich allein, aber wenn wir doch wieder zusammenkommen…?« »Eigentlich hätte ich gern ein Bettsofa; aber sie braucht doch eine rückenschonende Matratze.«

An sich wertvolle Fähigkeiten, nämlich an etwas beharrlich und ausdauernd festzuhalten, auch wenn es schwierig wird, und ebenso einem Menschen die Treue halten zu können, können sich in ihr Gegenteil verkehren, wenn wir zulassen, daß sie uns beherrschen. Wir klammern uns an die Erinnerung, an ein Schattenbild von etwas längst Verlorenem. Nur um die Tatsache der Trennung und den heftigen Schmerz darüber, etwas verloren zu haben, an dem unser Herz sehr hängt, nicht annehmen zu müssen, handeln wir uns ein dauerhaftes Leiden an der unbefriedigenden Gegenwart ein.

Oft geht es uns dann schlecht, wir fühlen uns deprimiert und hoffnungslos, können uns an nichts so recht freuen. Wenn wir im Park spazierengehen, überfällt uns die Erinnerung an diesen strahlenden Sommertag, als wir hier zusammen ein Picknick gemacht haben. Es ist, als wäre uns jedes Vergnügen durch die Erinnerung vergällt. Begierig lauschen wir auf jede Nachricht über sein oder ihr jetziges Leben, die uns Freunde oder Bekannte vermitteln. Dann grübeln wir wieder tagelang darüber nach, was das wohl zu bedeuten haben mag. Schließlich können wir gar nicht mehr anders, wir müssen seine oder ihre Telefonnummer wählen, legen dann aber wortlos wieder auf.

Um den hohen seelischen Aufwand für das Festhalten eines Schattens vor sich selbst zu rechtfertigen und um sich dafür zu entschädigen, wird die vergangene Beziehung zur »großen Liebe, die man nur einmal im Leben erleben kann« idealisiert.

Wenn wir es schaffen, das Ende der Partnerschaft zu akzeptieren, können wir in dem nun aufbrechenden Gefühlschaos auf Lösungsmöglichkeiten verfallen, die uns nicht helfen, die Trennung zu verarbeiten.

An einsamen Abenden oder Wochenenden ist die Gefahr besonders groß, in Selbstmitleid zu versinken. Anfangs verspricht das Bedauern der eigenen Lage Entlastung, denn wir wenden uns dabei dem verletzten Teil unserer selbst zu und versuchen, durch das Beklagen des eigenen Unglücks den Schmerz zu lindern. Doch der erhoffte tröstende Effekt ist meistens eher gering; viel wahrscheinlicher ist es, daß wir uns immer mehr in eine Opferhaltung hineinbegeben und uns im Elend verschanzen. Das »süße« Gift des Selbstmitleids breitet sich dann in uns aus, und wir frönen einem passiven Leidensgenuß.

Die ursprüngliche Absicht, uns dadurch wieder aufzurichten und unser Selbstwertgefühl zu verbessein, verkehrt sich ins Gegenteil. Denn je mehr wir uns bedauern, desto jämmerlicher erscheinen wir uns selbst. Diese Selbstverachtung läßt sich dann wieder als Material für weiteres Selbstmitleid verwenden. Wir merken zwar, daß unsere Klagen in der Steigerung immer mehr an Echtheit verlieren und sentimental werden, aber wir können uns diesem Sog bereits nicht mehr entziehen.

Zugleich ist mit dem Selbstmitleid auch immer ein passiver Vorwurf an den anderen oder alle anderen Menschen verbunden. Wir denken: »Es geschieht den anderen ganz recht, wenn es mir schlechtgeht. Sie werden schon sehen, was sie davon haben.«

An diesem Punkt zeigt es sich, daß wir in eine Sackgasse geraten sind. Die Bewältigung der Trennung gerät ins Stocken, denn im Selbstmitleid lösen wir uns nicht vom anderen, sondern bleiben ihm durch diese selbstquälerische Haltung verbunden. Der heilsame Prozeß der Loslösung vom Vergangenen wird gelähmt, und wir verlieren mehr und mehr an Mut und Tatkraft, um uns aus diesem Sumpf herauszuziehen. Im Unterschied zur positiven Selbstzuwendung, in der wir uns auch mit unseren schwachen Aspekten annehmen, schwächt uns das Selbstmitleid. Wir fühlen uns passiv und unfähig, etwas zur Änderung unserer Lage zu unternehmen.

Die Intensität unserer Gefühle kann zu Verzerrungen in der Wahrnehmung unserer Situation führen und uns in einen Sog destruktiver Handlungen hineinziehen. Auch in den harmonischsten Beziehungen treten ab und zu Konflikte auf, die Aggressionen hervorrufen. Zur »Kultur« jeder Partnerschaft gehören

Konfliktlösungsmuster, in denen die Aggressionen kanalisiert werden. Jeder weiß dann, wie weit er im Konfliktfall gehen kann, eine »Gürtellinie«, die nicht unterschritten werden darf, schützt den Partner vor allzu großen Verletzungen des Selbstwertgefühls. Ist die Partnerschaft zerbrochen, dann kann es sein, daß diese »Spielregeln« nicht mehr für gültig gehalten werden. Kommen dann noch unschöne Ereignisse hinzu, durch die wir uns schwer gekränkt, in unserer Eigenliebe verletzt oder provoziert fühlen, können Rachegedanken aufkommen.

Die Auseinandersetzungen um den gemeinsamen Besitz oder um die Kinder bieten vielfältige Möglichkeiten für ein Ausagieren von Vergeltungsphantasien. Um sich für all das Unrecht zu rächen, wird ein Tauziehen um alles, was sich dafür eignet, begonnen. »Rausholen, was sich rausholen läßt«, ist die Devise. Maßlose Forderungen und die strikte Weigerung, irgend etwas herauszurücken, stehen sich gegenüber. Das Schlachtfeld wird auf den Freundeskreis ausgedehnt: Wer ist für mich, wer gegen mich?

In diesem »Krieg« scheinen alle Mittel erlaubt zu sein: Der einstmals geliebte Partner wird verleumdet, Blumenvasen fliegen durch Fensterscheiben, den Schlüssel im Anschlag geht man an »seinem« geliebten Auto vorbei. Das Festhalten an gemeinsamen Besitztümern ermöglicht es, diese Scharmützel über Jahre hinweg immer wieder einmal aufflackern zu lassen.

Mir fallen zwei Menschen ein, die während ihrer Ehe einmal in Urlaubslaune ein Grundstück auf einer Mittelmeerinsel erworben hatten. Bei der Scheidung konnten sie sich nicht einigen, ob sie es verkaufen sollten oder nicht. Noch elf Jahre nach der Trennung war es im Besitz von beiden. Von Zeit zu Zeit macht sie einen Vorstoß und schlägt ihm vor, ihr das Grundstück zu überlassen oder es zu verkaufen. Regelmäßig ist das für ihn der Anlaß, ihr einen mit einigen Beleidigungen verzierten Brief zu schreiben, in dem er einen unangemessen hohen Preis verlangt, und ansonsten den Verkauf rigoros ablehnt.

Hier besteht die Gefahr, im auf Genugtuung zielenden Schlagabtausch steckenzubleiben und die Kontrolle über die Aggressionen zu verlieren. Dann kann es zu einer Eskalation von Gewalttätigkeiten kommen, bei der keiner mehr gewinnen kann. Solange der Wunsch noch vorherrscht, den Partner zu verletzen und ihn zu schädigen, wo man nur kann, bleibt die Bindung – unter negativen Vorzeichen – erhalten. Der Prozeß der »Aus-einander-Setzung« und der Bewältigung des Verlustes wird aufgehalten.

Die Tatsache, daß neue Beziehungen mit anderen Partnern entstehen, bedeutet nicht unbedingt, daß wir die alte Bindung gelöst haben. Solange wir in unseren intensiven Gefühlen verstrickt bleiben und noch nicht zu der ernüchternden, aber auch beruhigenden Einsicht gekommen sind, daß wir allein sind und es auch sein können, besteht die Gefahr, uns in Beziehungen zu flüchten, in denen wir immer nur auf den »falschen« Partner treffen.

Auch Beziehungen mit freundlichen und wohlmeinenden Zeitgenossen, die in diesem Zustand angeknüpft werden, stehen unter keinem guten Stern. Wenn wir noch mitten in unserem Gefühlschaos sind, können wir einen neuen Menschen nicht klar sehen. Unsere Wahrnehmung wird verzerrt durch das unbewältigte Bild des Expartners. Es ist sehr wahrscheinlich, daß wir dem neuen Partner dieses Vor-Bild überstülpen, und zwar eine aufgrund unserer intensiven Gefühle auf zwei Seiten vereinfachte Variante dieses Bildes. Wir hoffen, der andere habe alle die guten Eigenschaften des Expartners, und wir reagieren übermäßig auf kleinste Ähnlichkeiten mit dessen Negativaspekten. Wir sind auch nicht wirklich frei, zu wählen. Der Mensch, der uns in diesem Zustand eine Beziehung anbietet, ist für uns wie ein Strohhalm, an den wir uns klammern, um nicht noch weiter in den Strudel dunkler Gefühle gerissen zu werden.

Es kommt einem Auf-der-Stelle-Treten gleich, wenn wir durch das Beenden und rasche Neuanknüpfen solcher Beziehungen die Erfahrung des Alleinseins zu vermeiden versuchen. Sowohl ein Steckenbleiben in der Phase des Nicht-wahrhaben-Wollens als auch in der der aufbrechenden Gefühle kann zu einer Blockierung führen, dauerhafte, intime Partnerschaften einzugehen. Enthaltsamkeit und vielfältige sexuelle Störungen können ebenso die Folge einer mehr oder weniger unbewußten Treue gegenüber dem verlorenen Partner sein, wie der Drang zur Eroberung immer neuer Liebespartnerinnen und Liebespartner.

Nach dem Verlust einer langdauernden, wichtigen Paarbeziehung können uns viele Gefahren auf dieser Reise begegnen, die wir antreten müssen, um zu »neuen Ufern« zu finden. Das Ende unserer vertrauten und über längere Zeit erprobten Lebensform zwingt uns dazu, nach anderen Möglichkeiten Ausschau zu halten. Wenn wir uns nicht in uns selbst verschließen und die Herausforderung annehmen, werden wir andere Menschen kennenlernen und neue Formen der Verbindung entdecken.

Auf dieser Reise in unsere Zukunft können wir neue Mittel und Wege erkunden, um unseren inneren Reichtum zu entfalten. Wir können dabei mit unserem Lebensschiff ins Trudeln geraten oder für eine Weile in zu flachen und windstillen Gewässern dümpeln. Entscheidend ist, daß wir über kurz oder lang wieder flott werden und freie Fahrt gewinnen. Manchmal brauchen wir dabei Hilfe von außen. Wir können überall neue Erfahrungen machen; auch eine »verkehrte« Gesellschaft kann eine Zeitlang für uns die »richtige« sein, weil es dort etwas für uns zu lernen gibt.

Womit wir während des Trauerprozesses immer und immer wieder konfrontiert werden, ist, das Loslassen zu üben. Die größten Gefahren bestehen darin, daß wir versuchen, in einem längst vom Wasser abgeschnittenen Hafen auszuharren oder uns resigniert weigern, die Steuerung unseres auf den wilden Wellen tanzenden Bötchens selbst zu übernehmen.

Neuanfang

16. Hilfskonstruktionen und Sicherheitsnetze

Was kann uns behilflich sein in dieser schwierigen Zeit des Übergangs, in der wir uns vom Leben zu zweit auf ein Single-Dasein umstellen müssen? Was erleichtert uns dieses Durchgangsstadium? Gibt es dafür, ähnlich wie für andere einschneidende Veränderungen, erprobte und bewährte, vielleicht von unserer Kultur angebotene Maßnahmen oder Verhaltensformen – Übergangsriten *rites de passage*? Worauf können wir zurückgreifen, um wieder Boden unter die Füße zu bekommen? Woran können wir uns halten, wenn alles in uns und in unserem Alltag ins Schwimmen geraten ist?

Der Trauerprozeß ist ein Veränderungsprozeß. Wir müssen aus einer Lebensform wie die Schlange aus einer alten, zu eng gewordenen Haut herausschlüpfen. Wir sind sehr empfindlich dann, eben dünnhäutig. Alles, was uns widerfährt, auch Dinge, die uns sonst nicht aus der Ruhe gebracht haben, können uns nahegehen.

Eine Zeitlang werden wir uns in unseren heftigen Reaktionen auf Alltagsprobleme gar nicht wiedererkennen. Manche unbedachte Grobheit von Kollegen, die wir früher geschickt pariert haben, kann uns jetzt ungedeckt treffen. Kleine Störungen im reibungslosen Alltagsablauf können uns fast zur Verzweiflung bringen – wenn plötzlich die Waschmaschine mitten im Spülvorgang ihren »Geist aufgibt«; wenn das für uns fast lebenswichtige Telefon streikt; wenn sich jemand bei einer Verabredung verspätet. Es wird ein Weilchen dauern, bis wir unsere Gelassenheit und unseren Humor wiedergefunden haben werden. Deshalb ist es notwendig, daß wir vorsichtig, rücksichtsvoll und nachsichtig mit uns umgehen und uns liebevoll uns selbst zuwenden.

Als Frisch-Getrennten scheinen uns nun wieder alle Möglichkeiten offenzustehen, aber unser prekärer innerer Zustand und die oft noch unsicheren äußeren Bedingungen unseres Single-Alltags erlauben es uns zunächst noch nicht, aus dem vollen zu schöpfen. Meist liegt ein langer Weg vor uns, bis wir so weit wiederhergestellt sind, daß wir von neuem unbeschwerte Lebensfreude empfinden können. Mit der langjährigen Partnerschaft ist uns auch ein bestimmter Blickwinkel verlorengegangen, aus dem wir uns selbst und die Wirklichkeit zu sehen gewohnt waren. Was wir als erstes brauchen, sind Hilfskonstruktionen, eine Art Gerüst oder Netz, das uns beim Umbau unserer Lebensform absichert.

Das einzige ausdrückliche Übergangsritual, das unsere Kultur für die Auflösung der – allerdings nur der ehelichen – Verbindung bereitstellt, ist die Scheidung durch das Familiengericht. Wir neigen heutzutage dazu, den Prozeß der »Ent-Heiratung«, ebenso wie die Heirat, als bloße Formalität abzutun, die »nichts ändert« an unserer Beziehung. Wir glauben häufig, daß die Scheidungsprozedur »nur« die wirtschaftliche Seite unserer Trennung regelt. Aber indem wir uns über die materiellen Aspekte unserer Verbindung auseinandersetzen, klären wir auch in seelischer Hinsicht unser Verhältnis und stellen Ordnung her.

Im Teilen des gemeinsamen Besitzes zeigt sich, vielleicht zum ersten Mal in aller Deutlichkeit, wie wir zueinander stehen und vermutlich auch gestanden haben. Hier wird offenkundig, ob wir den Partner und die Beziehung genügend wertgeschätzt haben, um den Verlust für beide so gering wie möglich zu halten, oder ob einer dem anderen die größere Last zuzuschieben versucht.

Es empfiehlt sich, Anwälten die Verhandlungen über die Verteilung des Vermögens zu überlassen. Denn das Gefühl, bei der Scheidung »über den Tisch gezogen« zu werden und der »Dumme« zu sein, kann unser ohnehin schon angeschlagenes Selbstwertgefühl noch weiter herabsetzen. Wir starten dann mit ungünstigen Voraussetzungen in unser neues Leben. Wenn wir uns aber beide darum bemühen können, eine gerechte und ausgeglichene Lösung zu finden, kann das jeden von uns davor schützen, in »schiefe« Verhältnisse zu geraten. Denn unser Selbstwertgefühl und der Grad unserer Selbstachtung entscheiden darüber, welcher Art die Beziehungen zu potentiellen Liebespartnern sein werden, die wir danach eingehen werden.

Uns vertraute Menschen, die Freunde und die Familie, sind nun in besonderem Maße gefragt. Wir brauchen dringend eine schonungsvolle Nähe und die Versicherung, daß wir doch nicht ganz allein in der Welt stehen. Als Mensch in der Trennungskrise sind wir angewiesen auf die Sympathie und das Wohlwollen anderer, die uns verständnisvoll begegnen und uns zuhören, ohne zu werten oder »genervt« zu sein, wenn wir zum hundertsten Mal in epischer Breite das Thema »Wie es dazu kommen konnte« behandeln.

Wohl oder übel müssen wir lernen, Hilfe von anderen anzunehmen, auch in dieser Hinsicht »Nehmer-Qualitäten« zu entwickeln. Hier zeigt es sich, auf wen Verlaß und wer bereit und fähig ist, uns in unserem geschwächten Zustand ein wenig mitzutragen. Nicht die patenten Ratschläge sind jetzt nötig – »Dieser Xanthippe solltest du keine Träne nachweinen« oder »Laß dich nicht hängen, geh unter die Leute, amüsier dich« –, sondern die geduldige und liebevolle Begleitung von Menschen, denen wir vertrauen können. Mancher Freund, manche Freundin wird dazu nicht in der Lage sein, sie sind vielleicht bessere Gefährten für später, wenn sich neue Lebenskräfte in uns regen und wir neugierig und voller Initiative neue Aktivitäten ausprobieren möchten. Andere werden uns ohne viel Aufhebens tatkräftig unter die Arme greifen, uns beim Umzug helfen oder auch spät am Abend unsere Küche aufräumen, in deren verwahrlostem Zustand sich unsere innere Verfassung spiegelt.

Wir sollten es uns zugestehen, daß wir in gewissen zugespitzten Situationen jemanden zur Unterstützung und zum Auffangen brauchen: Wenn »sie« ihre letzten Habseligkeiten abholen kommt, kann die Anwesenheit eines Freundes diesen schwierigen Augenblick entschärfen und es uns erleichtern, Haltung zu bewahren; wenn wir nach dem Scheidungstermin mit der Freundin verabredet sind, spannen wir damit ein Sicherheitsnetz, das unseren emotionalen Absturz in Ärger, Wut und Trauer auffangen kann. Das im Film so gern dargestellte einvernehmliche Kaffeetrinken der »Scheidungsgegner« ist im »wirklichen Leben« so nicht immer möglich.

Die Beziehungen zu Eltern und Geschwistern können unter Umständen jetzt neu belebt werden. Manchmal kann es für alle Beteiligten entlastend sein, wenn wir im Elternhaus vorübergehend Station machen, bis die partnerschaftlichen Verhältnisse geklärt sind, und wir eine eigene Wohnung nehmen können. Uns auch als Erwachsene noch einmal bemuttern zu lassen, kann uns guttun, wenn wir es für eine Weile zulassen können und darin nicht eine »Bankrotterklärung« unserer Selbständigkeit sehen.

Vielleicht können sich während dieser zeitweiligen Rückkehr unsere Beziehungen zu Vater und Mutter klären und verändern. Das kann unter Umständen wichtig sein, etwa, wenn wir uns sehr früh in eine Partnerschaft gestürzt und dem Ablöseprozeß von den Eltern wenig Raum gelassen hatten. Vielleicht standen auch unser Lebenspartner und unsere Eltern auf »Kriegsfuß« miteinander. Jetzt besteht für alle die Chance, im respektvollen Umgang miteinander zu einer anderen Art von Verbundenheit zu finden, die dem Verhältnis von Eltern und erwachsenem Kind angemessen ist. Diese »Regression«, die Wiederbelebung längst vergangener Bezüge, kann für uns heilsam sein, wenn wir alle behutsam und vorsichtig diese ungewöhnliche Situation angehen.

Wenn die Kinder bei uns geblieben sind, brauchen sie unsere besondere Fürsorge. Sie sind durch die Trennung ihrer Eltern in einen Loyalitätskonflikt geraten. Sie stehen jetzt vor der schwierigen Aufgabe, mit einem Elternteil nicht mehr zusammenzuleben und dennoch die liebevolle Beziehung zu beiden aufrechtzuerhalten, obwohl sie wissen und spüren, daß Vater und Mutter sich nicht mehr lieben. Wahrscheinlich ist die vollzogene Trennung für sie eine Entlastung gegenüber der mehr oder weniger langdauernden Vorphase mit den bedrückenden Spannungen und bedrohlichen Gefühlsausbrüchen des einen oder anderen Elternteils.

Für Kinder sind Halt und Sicherheit besonders wichtig. Die Überschaubarkeit von Tagesabläufen und die Zuverlässigkeit, mit der sie Kontakt zu Mutter und Vater aufnehmen können, können das vermitteln.

Die Freunde können uns zwar die nahe Beziehung zu unserem Lebenspartner nicht ersetzen, aber sie helfen uns, die größten Härten der ungewohnten Einsamkeit zu lindern. Wir brauchen jetzt zwar auch ein gewisses Maß an Alleinsein, weil wir erst einmal wieder zu uns selbst kommen müssen; dafür sollten wir uns auch hin und wieder einmal ungestört dem Traurigsein und Weinen hingeben können; vielleicht verspüren wir auch das Bedürfnis, uns gelegentlich einmal »durchhängen« zu lassen, etwa, indem wir einen Sonntag im Bett verbringen. Aber wir sollten das Alleinsein dosieren.

Eine regelmäßige Verabredung am Sonntagabend zum Kino oder Essen mit guten Freunden kann verhindern, daß wir allzu tief abgleiten in trübe Stimmungen. Auch wenn uns so etwas zwanghaft erscheint und wir vielleicht oft keine Lust haben, uns dazu aufzuraffen – ein Netz aus einigen zuverlässigen Kontakten zu Menschen, denen wir uns auch in schwieriger seelischer Verfassung anvertrauen können, sorgt dafür, daß wir nicht im Leid versinken.

Wenn sich die akuten Begleiterscheinungen des Trauerprozesses über längere Zeit nicht mildern – wenn wir weit und breit keinen Lichtblick entdecken können; wenn wir hoffnungslos der Zukunft gegenüberstehen und das Gefühl haben, unser eigentliches Leben läge bereits hinter uns; wenn Schlaf- und Appetitlosigkeit uns immer mehr erschöpfen oder verschiedene körperliche Störungen uns ängstigen und schwächen; wenn wir uns kaum noch auf etwas konzentrieren können, weil unsere Gedanken immer nur um diese schreckliche Verlusterfahrung kreisen – dann sollten wir uns nicht länger allein damit quälen, sondern psychotherapeutische Hilfe suchen.

Obwohl wir wahrscheinlich in unserer Not nach jedem Rettungsanker greifen würden, wenn wir uns erst einmal entschlossen haben, einen »professionellen Helfer« in Anspruch zu nehmen, sollten wir genau hinschauen und »hinspüren«. Bei der Wahl der für uns »richtigen« Therapeutin oder des zu uns passenden Therapeuten müssen wir darauf achten, daß wir uns bei diesem Menschen in unserem verletzten und verletzlichen Zustand gut aufgehoben fühlen. Bei einem Vorgespräch oder in einer probatorischen Sitzung können wir miteinander Fühlung aufnehmen und danach entscheiden, ob wir miteinander arbeiten wollen.

Eine andere Möglichkeit stellen Selbsthilfegruppen dar, in denen sich Menschen nach einer Trennung miteinander austauschen können. Auch hier gilt es, darauf zu achten, wie wir uns in dieser Gruppe fühlen und in uns hineinzuhorchen, ob es uns möglich erscheint, zu diesen Menschen Vertrauen zu entwickeln.

17. Das neue Selbstbewußtsein

»Man versteht das Leben nur im Rückblick,
leben muß man es aber vorwärtsblickend.«

Søren Kierkegaard

Wir sind jetzt in besonderem Maße auf uns selbst gestellt und für uns selbst verantwortlich. Wer, wenn nicht wir selbst, soll darauf achtgeben, daß wir nicht noch tiefer verletzt werden und daß wir uns wieder erholen und »fangen« können? Wo eröffnen sich uns Auswege aus der Misere? In welchen Bereichen können wir wieder Hoffnung für die Zukunft finden? Welche Beschäftigungen helfen uns bei der Klärung unserer inneren Lage? Wie können wir unser arg gebeuteltes Selbstwertgefühl stärken?

Es geht jetzt darum, nach dem Schock des Beziehungsendes Kräfte zu sammeln und wieder in Fluß zu kommen. Solche Krisen führen uns an Wendepunkte, die uns in weit größerem Umfang, als wir angenommen haben, zu Veränderungen und Korrekturen unseres Lebensplanes herausfordern können. Oft zeigt es sich erst im Rückblick, daß mit der Trennung von einem wichtigen Liebespartner ein neuer Lebensabschnitt begonnen hat. Doch vorerst gilt es, unsere Ressourcen, unsere Hilfsquellen anzuzapfen.

Die Arbeit zwingt uns mit ihren Anforderungen und routinierten Abläufen bei allem inneren Durcheinander zur Einhaltung einer gewissen Ordnung. Auch wenn es uns anfangs schwerfallen mag, unsere Aufmerksamkeit für acht Stunden mehr oder weniger kontinuierlich auf etwas zu lenken, das nichts mit unserem aktuellen Problem zu tun hat, so werden wir doch bald feststellen, daß darin eine gewisse »Erholung« liegen kann. Die Arbeit bietet Halt, wenn alles in uns im Umbruch ist. Jeden Tag zur festgelegten Zeit an einem Ort erscheinen und dort bis zu einem bestimmten Zeitpunkt bleiben zu müssen, gibt unserem Alltag Struktur und lenkt uns von unserem Leid ab.

Vielleicht können wir neue Aufgaben übernehmen, wir haben ja jetzt freie Kapazitäten. Zumindest haben wir Zeit, etwas Neues zu lernen und uns mit anderen Bereichen unseres Berufs vertraut zu machen. Die Arbeit kann einen anderen Stellenwert für uns bekommen, und wir können in Erfolgserlebnissen neue Quellen der Zufriedenheit entdecken. Wenn wir Glück haben, bietet unsere Arbeit uns Perspektiven. Wir können uns weiterqualifizieren und uns berufliche Ziele setzen – ein erster Brückenschlag in die Zukunft.

In der ersten Zeit ist es wahrscheinlich ratsam, nicht gleich überall tiefgreifende Veränderungen vorzunehmen und etwa auch die Stelle oder gar den Beruf zu wechseln. Ich möchte auch ausdrücklich davor warnen, sich beim Wiederaufbau des Selbstwertgefühls ausschließlich auf die Arbeit zu stützen. Das führt nicht nur zu Einseitigkeit, sondern birgt auch die Gefahr von Enttäuschungen in sich. Wir können zum Beispiel nicht unbedingt damit rechnen, daß die Kollegen unserem verstärkten Ehrgeiz und Leistungswillen verständnisvoll gegenüberstehen und in der Lage sind, darin einen Selbstheilungsversuch zu sehen. Gegen eventuelle feindselige Reaktionen sind wir in unserem empfindlichen Zustand nicht gut genug gewappnet.

Günstiger ist es, wenn wir auf breiter Basis ansetzen, in vielen verschiedenen Bereichen tätig werden, um uns selbst kennenzulernen und unser Selbstbewußtsein zu erweitern.

Dabei sollten wir unseren Interessen folgen. Im Vordergrund steht jetzt sicherlich, unsere gegenwärtige Lage zu verstehen. Hilfreich kann dabei die Lektüre von Büchern sein, die sich im weitesten Sinne mit »unserem« Thema beschäftigen. In psychologischer, philosophischer und religiöser Literatur können wir ebenso wie in Romanen Anregungen dafür finden, die Sache einmal aus einem anderen Blickwinkel zu betrachten. Bücher, die sich mit Fragen der Partnerschaft und der Problematik von Bindung und Trennung befassen – die Weltliteratur ist voll davon –, können uns in unserem Bewältigungsprozeß Erkenntnishilfe und Wegweiser sein. Hier können wir Erleichterung von drückenden Selbstzweifeln erfahren, wenn wir feststellen, daß wir nicht die einzigen sind, die unter dem Verlust des Partners und der Partnerschaft leiden, und daß es in unserer immer komplexer werdenden Wirklichkeit nicht leicht ist, zusammenzubleiben.

Das »richtige« Buch, das heißt, das Buch, das gerade jetzt lebendig zu uns spricht, kann uns dabei helfen, uns aus unseren Verwicklungen zu lösen und auf neue, eigene Ideen zu kommen. Vielleicht macht uns Leo Tolstoi mit seiner Bemerkung »Alle glücklichen Familien gleichen einander, jede unglückliche Familie dagegen ist unglücklich auf ihre besondere Art« neugierig auf »Anna Karenina«. Oder wir betrachten das Thema »Trennung« einmal in einem anderen geschichtlichen und gesellschaftlichen Zusammenhang, wie er in Theodor Fontanes »Effi Briest«, Honoré de Balzacs »Die Frau von dreißig Jahren« und Gustave Flauberts »Madame Bovary« beschrieben wird. Vielleicht lassen wir uns durch Eva Hellers »Beim nächsten Mann wird alles anders« zu einer heiteren Sicht verführen oder bevorzugen spannende Versionen von Trennung und vorsichtigem Neuanfang, wie Joy Fieldings »Lauf, Jane, lauf« oder Frances Fyfields »Dieses kleine, tödliche Messer«. Bei der Lektüre von Senecas »Von der Seelenruhe« finden wir vielleicht auch unsere eigene wieder, oder in Michel de Montaignes »Essais« kommen wir zu einer geklärten und gemäßigten Sichtweise menschlicher Angelegenheiten. Entwicklungsromane wie Gottfried Kellers »Der grüne Heinrich«, Thomas Manns »Joseph und seine Brüder« oder Karl Philipp Moritz' »Anton Reiser« können uns miterleben lassen, wie ein Mensch durch Höhen und Tiefen, Erfolge und Scheitern zu sich selbst findet. Oder wir ziehen Platons »Symposion« beim Entwurf unseres neuen Bildes von der Liebe zu Rate.

Für viele Menschen ist das Tagebuchschreiben ein gutes Hilfsmittel, um die vielen widersprüchlichen

Gefühle und Gedanken auszudrücken, sich auf diese Weise von ihnen zu entlasten, und sie und sich selbst neu zu »sortieren«. Wenn erst einmal die Scheu überwunden ist, aufzuschreiben, was uns in den Sinn kommt und was uns bedrückt, werden wir bald die wohltuende Wirkung dieser Tätigkeit verspüren. Im Schreiben sind wir ganz bei uns, und wenn wir die hemmende Vorstellung, jemand könnte das alles einmal lesen, ausblenden können, können wir aufrichtig und ohne etwas zu beschönigen unserem Herzen Luft machen.

Unsere Gedanken aufzuschreiben, ist etwas anderes, als sie nur in unserem Kopf kreisen zu lassen. Indem wir sie zu Papier bringen, verändert sich etwas: Wir treten dem, was wir denken und fühlen, gleichsam gegenüber; damit können wir es betrachten, hin und her wenden und in einen größeren Zusammenhang stellen.

Hier ist auch Raum, um die Vergangenheit zu reflektieren, und wir beginnen, mehr und mehr zu verstehen, was mit uns geschehen ist und was in diesem Augenblick mit uns und in uns passiert. Auf diese Art kann das Tagebuch zugleich Werkzeug und Chronik unserer Trennungsbewältigung sein. Indem wir über das schreiben, was uns bewegt, wenden wir uns unserer Innenwelt zu und lernen, deutlicher wahrzunehmen, was in uns vorgeht. Dabei können wir Hinweise darauf finden, was wir wirklich wollen und brauchen, und können so Orientierungshilfen bekommen für unsere neugewonnene Freiheit.

Vielleicht kommen wir beim Schreiben auf die Idee, unserem verlorenen Partner einmal einen Brief zu senden, in dem alles steht, was wir ihm oder ihr gern einmal in aller Deutlichkeit gesagt hätten. Schreiben Sie einen gesalzenen »Schmähbrief« – aber schicken sie ihn keinesfalls ab! Im fortgeschritteneren Stadium der Trennungsbewältigung möchten wir vielleicht einen Abschiedsbrief verfassen, der alle verschiedenen Facetten unseres Zusammenlebens und der Trennung enthält. Auch den sollten wir besser nicht verschicken; wir können ihn statt dessen feierlich verbrennen, und so symbolisch die Auflösung des Vergangenen vollziehen.

Auch die Beschäftigung mit unseren Träumen kann uns bei der Neuorientierung wertvolle Hilfe leisten. Wer sich dafür interessiert und geduldig genug ist, kann lernen, die »Traumsprache« zu übersetzen. Gerade in Zeiten der Veränderung erinnern wir uns häufiger als sonst an lebhafte Träume. In ihnen kommen Hinweise auf Aspekte unserer Persönlichkeit zum Ausdruck, die wir gewöhnt sind, nicht zu beachten. Es sind Seiten, die wir geringschätzen oder vor denen wir uns fürchten. Wenn wir verstehen können, daß auch sie Teile von uns sind und liebevoll angenommen werden wollen, können sie unser Wissen um uns selbst erweitern.

Wenn es uns auch »egoistisch« erscheinen mag und ungewohnt ist, so sollten wir doch sorgfältig darauf achten, uns etwas Gutes zu tun. Veränderungen in unserer unmittelbaren Umgebung, zum Beispiel das Einrichten oder Umgestalten der Wohnung, veranschaulichen und spiegeln den Umbau in unserem Beziehungsgefüge.

Wenn wir eine neue Wohnung suchen müssen,

sollten wir unbedingt darauf achten, daß wir uns darin wohl fühlen können. Wenn wir unter dem Druck stehen, so schnell wie möglich auszuziehen, greifen wir vielleicht nach der nächstbesten und günstigen Gelegenheit. Aber eine finstere, schlauchartige Unterkunft mit Aussicht auf die Mülltonnen im Hof wird unsere düstere Stimmung noch verstärken und es uns schwermachen, uns zu Hause zu fühlen.

Auch mit bescheidenen Mitteln läßt sich ein behagliches Nest bauen. Während wir uns in Gedanken und Taten mit der Aufteilung, Renovierung und Einrichtung unseres neuen Heims befassen, wenden wir uns zugleich einem neuen und zukunftsgerichteten Aspekt der Trennung zu. Indem wir uns mit den Farben und der Gestaltung der Dinge beschäftigen, die uns jetzt umgeben sollen, sorgen wir für günstige Bedingungen unserer neuen Lebensform. Jetzt können wir unsere eigenen Maßstäbe für gemütliches Wohnen berücksichtigen; vielleicht ist mir die Bequemlichkeit von Sitzmöbeln wichtiger als ihr schikkes Aussehen; vielleicht möchte ich jetzt meine Knopfsammlung in einer Vitrine herzeigen oder einen Springbrunnen im Wohnraum aufstellen.

Die Fürsorglichkeit sich selbst gegenüber kann sich auch in der Frage, wie ich mich ernähre, zeigen. Viele Menschen, die plötzlich wieder allein leben, neigen dazu, nur eben schnell mal ein Butterbrot im Stehen zu verdrücken. »Es lohnt sich doch nicht, für mich allein zu kochen«, meinen sie. Oder sind sie es sich nicht wert, sich eine sorgfältig zubereitete und nett angerichtete Mahlzeit zu gönnen? »Liebe geht durch den Magen« heißt es – auch die Selbstliebe!

Wir sollten auch nicht versäumen, hin und wieder die Geselligkeit mit lieben Freunden beim Essen zu pflegen. Vielleicht entdecken wir ja dabei unser bisher verborgenes Talent zur Gastgeberin oder zum Gastgeber.

Auch um unsere körperliche Verfassung sollten wir uns mit Sorgfalt kümmern. Vielleicht waren wir bisher nie besonders sportlich; aber wir stellen fest, daß Schwimmen uns lockert oder der Besuch eines Fitneßstudios uns aufmuntert. Bewegung tut uns in jedem Fall gut, ob wir nun joggen oder uns einer Jazzdancegruppe anschließen. Lange Bäder mit duftenden Zusätzen, ein »Schönheitstag« am Wochenende, Sauna und Sonnenbank – all das kann unser Wohlbefinden, zumindest unser körperliches, verbessern. Eine positive Auswirkung auf unser wieder erwachendes Selbstbewußtsein wird nicht ausbleiben.

Unsere äußere Erscheinung spiegelt, wie wir zu uns stehen und wie wir von anderen gesehen werden möchten. Vielleicht haben wir uns in den langen Jahren der Partnerschaft angewöhnt, immer nur ein bestimmtes Bild abzugeben. Möglicherweise ist dieser Aspekt auch hinter andere, wichtigere Dinge zurückgetreten, um die wir uns kümmern mußten. Im Alltagstrott kann die Frage der eigenen Attraktivität leicht in den Hintergrund geraten, vor allem, wenn wir unseren Partner nicht beunruhigen wollten.

In der ersten Zeit nach der Trennung ist uns vielleicht unsere Gesundheit, und wie wir aussehen, gleichgültig gewesen. Aber nach einer Weile sollten wir unsere äußere Erscheinung überprüfen. Gefalle ich mir so noch? Paßt dieser Haarschnitt und diese Art, mich zu kleiden, noch zu mir? Was drücke ich damit eigentlich aus? Wie präsentiere ich mich anderen?

Eine neue Frisur und ein neues Outfit machen keinen neuen Menschen aus uns, aber wir können uns damit in einen anderen Rahmen rücken, der uns ein Gefühl von Selbstsicherheit vermittelt. Warum sollen wir uns jetzt nicht einmal den Luxus einer Farb- und Typberatung erlauben? Die Sorgfalt, die wir diesem Aspekt von uns widmen, wenn wir nachsichtig unsere Schwachstellen verhüllen und selbstbewußt unsere »Schokoladenseite« unterstreichen, kommt unserer ganzen Person zugute. Wer fühlt sich nicht gleich etwas wohler, wenn ihn der Blick in den Spiegel erfreut?

Vielleicht haben wir Lust auf einen Tapetenwechsel. Wollen wir so verreisen, wie wir es immer mit dem Partner zu tun pflegten, oder wollen wir lieber einmal etwas ganz anderes ausprobieren? »Er« liebte vielleicht den Strandurlaub; »sie« kann jetzt endlich einmal eine Studienreise nach Norditalien unternehmen. Warum nicht einen Modellierkursus in Österreich oder anderswo belegen? Den Alltag einmal hinter sich lassen, sich frischen Wind um die Nase wehen lassen, neue Eindrücke, ein anderes Klima und die Begegnung mit anderen Menschen – alles das kann uns Abstand gewinnen lassen zu den Ereignissen der jüngsten Vergangenheit.

Es mag ungewohnt sein, und vielleicht können wir das alles noch nicht in vollen Zügen genießen. Aber darin liegt auch eine Möglichkeit, das Ruder des eigenen Lebensschiffes selbst in die Hand zu nehmen. Und darauf können wir auf jeden Fall stolz sein.

Es gibt viele Möglichkeiten, uns neue Anregungen zu verschaffen. »Tun Sie etwas, das Sie noch nie getan haben«, empfehle ich gelegentlich meinen Patienten. Die Resultate sind verblüffend. Es muß nichts Sensationelles sein; wir müssen keine gefahrvolle Bergwanderung machen und auch nicht vom Dreimeterbrett springen. Einmal einen anderen Weg von der Arbeit nach Hause zu nehmen, kann schon einiges bewirken. Den Zoo oder das Bistro um die Ecke zu besuchen, kann uns auf andere Gedanken bringen; und einmal schon um fünf Uhr aufzustehen, kann unserem Tag einen anderen Rhythmus geben. Neue Interessen und Hobbys können unsere Aufmerksamkeit fesseln und uns uns selbst anders erleben lassen. Vielleicht wußten wir gar nicht, daß wir handwerkliches Geschick haben, bis wir den Holzbearbeitungskursus besucht haben.

Die zu unserem Zustand gehörende Sensibilität und Empfänglichkeit für Eindrücke ermöglichen es uns, Natur und Kunst intensiver zu erleben. Auf ausgedehnten Spaziergängen können wir uns ganz bewußt auf unsere Sinneswahrnehmungen einlassen und immer wieder entdecken, daß alles im Fluß ist und alles seine Zeit hat. – Haben Sie eher das Gefühl, im Eis festzustecken? Keine Sorge, der nächste Frühling kommt bestimmt und wird sie befreien.

Vielleicht finden wir jetzt einen ersten oder erneuten Zugang zu »ernster« Musik und können uns von den Klängen eines Barockkonzerts beruhigen und trösten lassen. Oder unsere eigenen Malversuche machen uns neugierig auf alte und neue Meister, die uns in ihrer vielfältigen Gestaltung von Farben und Formen, von Ausdruck und Darstellung ihrer Sicht von Wirklichkeit zeigen, was alles möglich ist. Und verwundert stellen wir fest, daß wir drei Stunden im stillen Zwiegespräch mit Bildern und Skulpturen ganz bei uns gewesen sind. Auch, indem wir uns der Wirkung schöner Dinge und uns bereichernder Sinneseindrücke aussetzen, können wir etwas zur Pflege unseres Wesens tun.

Wir sollten uns bei unseren Entdeckungsreisen von unseren Einfällen leiten lassen, auch wenn sie uns noch so banal vorkommen. Eine der größten Schwierigkeiten bei Veränderungen ist die weitverbreitete Neigung zu raschen Werturteilen: »Das ist zu spießig«, »Ich bin zu alt dafür«, »Dazu bin ich nicht begabt genug«. Warum sollen wir nicht versuchen, das Bild aus unserem Traum, das uns am Morgen so lebhaft vor Augen stand, mit Buntstiften zu malen? Wen kümmert es, daß wir so etwas schon lange nicht mehr gemacht haben? Vielleicht kann uns jetzt auf einmal die Fotokiste fesseln, in der die Zeugnisse vergangener glücklicher oder alltäglicher Momente schlummern. Sie zu ordnen und ein Album anzulegen, kann uns darin unterstützen, uns auf uns selbst zu besinnen. In der Rekonstruktion unseres bisherigen Lebensweges können wir entdecken, durch wie viele Trennungen wir schon hindurchgegangen und wie wir uns selbst doch immer treu geblieben sind.

18. Auf ein neues

» – . . . grübeln Sie aber nicht zuviel, geben Sie sich einfach dem Leben hin, ohne viel zu überlegen; seien Sie versichert: es wird Sie geradewegs ans Ufer tragen. An was für ein Ufer? Woher soll ich das wissen? Ich glaube nur daran, daß Sie noch viel Leben vor sich haben.«

Fjodor Dostojewski

Das Aufgeben einer Bindung hat – wie alles – zwei Seiten: Es bringt den Verlust von Halt und Sicherheit mit sich, eröffnet aber auch Freiräume. Eine nahe Beziehung, eine Lebensgemeinschaft stellt ein Netz vielfältiger Verknüpfungen zwischen zwei Menschen dar. Im Laufe der Zeit bilden sich immer mehr Verbindungen zwischen diesen beiden Menschen, die Wichtiges und Wesentliches, aber auch Alltägliches miteinander teilen: Erlebnisse, Freude und Leid, gemeinsam bewältigte Aufgaben, Probleme, Wertvorstellungen, Vorlieben, Ziele, familiärer und beruflicher Hintergrund; gemeinsam Geschaffenes – Angeschafftes und Produziertes.

Je länger eine Verbindung dauert und je intensiver sie ist, desto mehr Bereiche des Alltags und der Art der Lebensgestaltung werden durch sie bestimmt. Das beginnt bei ganz banalen Gewohnheiten, die zwei Menschen während des Zusammenlebens entwickeln, und reicht bis zu tief verankerten Einstellungen und Wertvorstellungen. Wie und was gegessen wird, wie der Besitz gepflegt wird, wie das Geld verdient, verwaltet und ausgegeben wird, wie die

Freizeit verbracht wird – in all diesen Fragen haben sich die beiden Partner mehr oder weniger auf eine Form geeinigt. Aber auch, wie man anderen Menschen begegnet, nach welchen Maßstäben man sie beurteilt und was als wichtig und wertvoll betrachtet wird, ist Teil der Beziehungskultur.

In diesem Geflecht von Übereinstimmungen und wiederkehrenden Kontroversen können beide Partner Halt und Sicherheit finden. Der Verlust dieses dichten Gewebes bedeutet auch, daß ein Orientierungssystem ins Wanken gerät. Es kann beängstigend sein, wenn uns plötzlich klar wird, daß wir Entscheidungen allein treffen müssen und können.

Das Wegfallen dieses »Gewußt-Wie«, dieser Ordnung führt auch zu mehr Offenheit, die Dinge um uns herum einmal anders zu sehen und zu erleben. Nur ist es nicht leicht, nach einer Zeit des kürzeren oder längeren Rückzugs die Spielräume ausfindig zu machen, in denen neue Erfahrungen mit uns und anderen Menschen auf uns warten. Deshalb habe ich einmal einiges aufgelistet, was wir unternehmen und worauf wir jetzt achten können.

Im Grunde eignet sich »alles« für neue Erfahrungen, aber im entscheidenden Augenblick fällt uns dann doch nichts ein. Die Liste erhebt keinen Anspruch auf Vollständigkeit, sie ist in der Zusammenarbeit mit Teilnehmern meiner Kurse, mit meinen Patienten und mit meinen Freunden entstanden – und sie wächst immer noch weiter. Sie soll Ihnen Anregungen bieten, was wir alles tun können. Vor allem soll sie Ihren eigenen Unternehmungsgeist wecken, sei es, daß Sie das eine oder andere ausprobieren, oder daß Sie einige der kleinen »verrückten« Ideen einmal hervorholen, die uns alle tagein, tagaus in den Sinn kommen, ohne daß wir ihnen große Beachtung schenken. Vielleicht schauen Sie nun einmal, ob sich davon nicht einiges in die Tat umsetzen läßt.

Was können Sie unternehmen, um wieder unter Leute zu kommen und Neues kennenzulernen? Legen Sie regelmäßige »Forschungstage« ein, besuchen Sie Orte und Veranstaltungen, die Sie noch nicht kennen:

- Informieren Sie sich über die vielfältigen Veranstaltungen, die ihre Stadt oder Ihr Landkreis zu bieten hat: Handwerkermärkte, Volksläufe, Theater- und Musikaufführungen auf öffentlichen Plätzen, Straßenfeste usw.
- Nehmen Sie an Führungen teil: durch die Stadt, durch Kunstausstellungen und Museen.
- Besuchen Sie Musikveranstaltungen: Opern, Jazzfrühschoppen, Open-air-Konzerte.
- Nehmen Sie ein Jahresabonnement fürs Theater.
- Treten Sie einem Klub bei: Tanzklub, Single- und Freizeitklub, Fitneßstudio, Fahrradverein.
- Besuchen Sie Sportveranstaltungen. Waren Sie schon einmal beim Eishockey oder bei einer Wrestling-Veranstaltung?
- Nehmen Sie an einem Lauftreff teil.
- Machen Sie bei Gruppenwanderungen mit.
- Probieren Sie eine neue Sportart aus (Badminton, Squash, Tennis).
- Schließen Sie sich einer Bürgerinitiative oder einer

Stadtteilgruppe an. Werden Sie in der Kirchengemeinde aktiv.

- Engagieren Sie sich beim Kinderschutzbund, im Tierschutzverein oder bei Umweltschutzprojekten.
- Gehen Sie zu Lesungen: In Buchhandlungen und öffentlichen Bibliotheken lesen oft Autoren aus ihren Werken.
- Besuchen Sie Vernissagen. Wenn Sie sich in die Besucherliste von Kunstgalerien eintragen, werden Sie eingeladen.
- Buchen Sie eine Gruppenreise zum Skifahren.
- Belegen Sie einen Tanzkursus.
- Haben Sie sich schon einmal für die Personalvertretung in Ihrer Firma interessiert?
- Treten Sie einem Chor bei.
- Nehmen Sie an einem Gesprächskreis teil.
- Veranstalten Sie einen Spieleabend.
- Feiern Sie Ihren Geburtstag mit vielen Freunden und Bekannten.
- Improvisieren Sie eine Party.
- Besuchen Sie eine öffentliche Fernsehveranstaltung (Quiz- oder Talk-Show, »Infotainment« oder »Sitcom«).
- Verabreden Sie sich mit jemandem, den Sie nur flüchtig kennen, zum Kinobesuch.
- Laden Sie einen lieben Menschen zum Essen ein.
- Beteiligen Sie sich an einer Weinlese.

Wenden Sie sich ganz bewußt der Erweiterung Ihrer Fähigkeiten und Fertigkeiten zu. Lernen Sie dazu, und machen Sie mehr aus sich. Auf diese Art verbessern Sie nicht nur Ihre persönlichen Lebensbedingungen, sondern kommen auch mit vielen Menschen in Kontakt, mit denen Sie etwas gemeinsam haben.

- Bilden Sie sich beruflich weiter. Welche zusätzlichen Qualifikationen könnten Ihnen ein berufliches Fortkommen ermöglichen? Welchen Teilbereich Ihrer momentanen Tätigkeit würden Sie gerne weiter ausbauen? Angebote machen Industrie- und Handelskammern, Gewerkschaften und private Weiterbildungsinstitute, die vom Arbeitsamt gefördert werden.
- Schließen Sie sich Arbeits- oder Projektgruppen an Ihrem Arbeitsplatz an.
- Besuchen Sie Vorträge zu Themen, die Sie schon immer einmal interessiert haben. Hinweise darauf, wo was stattfindet – Volkshochschule, Universität, Arbeiterwohlfahrt, Familienbildungswerk usw. –, finden Sie in der Tageszeitung.
- Nehmen Sie Ihren Bildungsurlaub wahr. Gewerkschaften und Erwachsenenbildungsinstitute bieten Vielfältiges an.
- Belegen Sie einen Computerlehrgang.
- Buchen Sie Seminare oder Kurse, um Ihre sozialen Fähigkeiten zu verbessern: Rhetorikkursus, Kommunikationskursus, Selbstsicherheitstraining, Flirtkursus, Selbstverteidigungskursus.
- Belegen Sie einen Kursus zur Entspannung oder Meditation (bei der Volkshochschule oder Ihrer Krankenkasse): Autogenes Training, Progressive Muskelrelaxation, Yoga, Atemschule.
- Besuchen Sie Kurse, in denen Sie neue Fertigkeiten lernen oder Ihre Kenntnisse vervollständigen kön-

nen: Fremdsprachen, Kochen, Malen und Zeichnen, kreatives Schreiben und Traumdeutung werden fast überall angeboten.
- Nehmen Sie Musikstunden.

Neue Erfahrungen brauchen wir auch, um zu lernen, die kleinen und größeren Möglichkeiten wahrzunehmen, das Leben zu genießen. Was können Sie tun, um sich selbst eine Freude zu machen?

- Schaffen Sie sich eine Fotokamera an.
- Schmücken Sie Ihr Zuhause mit Grünpflanzen. Und bepflanzen Sie Ihren Balkon, falls vorhanden.
- Beschäftigen Sie sich mit Fragen der Innenraumgestaltung (z.B. mit Hilfe von Wohnzeitschriften oder Büchern über Feng Shui), und berücksichtigen Sie sie bei der Einrichtung und Verschönerung Ihrer Wohnung und Ihres Arbeitsplatzes.
- Investieren Sie in einen »Lieblingssessel«.
- Gewöhnen Sie sich das Rauchen ab.
- Gönnen Sie sich ein Wochenende auf einer Schönheitsfarm, oder besuchen Sie einen Kosmetiksalon.
- Lassen Sie sich in Typ-, Farb- und Stilfragen beraten. Beraterinnen annoncieren in der Tageszeitung unter »Verschiedenes«, es gibt aber auch Bücher, mit denen Sie selbst herausfinden können, was Ihnen gut steht.
- Wechseln Sie Ihren Friseur.
- Lassen Sie sich den Bart abnehmen, oder lassen Sie sich einen wachsen.
- Kaufen Sie sich ein Kleid oder einen Anzug in »Ihrer« Farbe.

- Besorgen Sie sich eine neue, schicke Brille, oder versuchen Sie es einmal mit Kontaktlinsen.
- Bewerben Sie sich – probeweise – für einen höheren Posten.
- Geben Sie eine Annonce auf, um Freizeitpartner kennenzulernen. Antworten Sie auf eine Kontaktanzeige.
- Forschen Sie nach Ihren Ahnen.
- Machen Sie eine Schiffsreise – es muß ja nicht gleich eine Kreuzfahrt sein. Schon eine Fahrt auf dem Rhein oder eine Tagestour im Urlaub vermitteln ein Gefühl der Seefahrt.
- Besuchen Sie ein Land, das Sie schon immer besuchen wollten.
- Nehmen Sie an einem Bioenergetik-Workshop teil.
- Abonnieren Sie eine Zeitschrift Ihres Interesses.
- Besuchen Sie eine Antiquitäten- oder Mineralienmesse.
- Bummeln Sie über den Flohmarkt.
- Schaffen Sie sich ein Haustier an.
- Stellen Sie Ihre Ernährung um.
- Entwickeln Sie einen gesundheitsbewußten Lebensstil.
- Achten Sie in jeder Hinsicht auf Qualität.
- Besuchen Sie einen Spielzeugladen.
- Kaufen Sie sich ein kleineres Auto.
- Schenken Sie sich ein Schmuckstück.
- Entfernen Sie etwas Überflüssiges aus Ihrem Leben.
- Schaffen Sie in Ihrem Kleiderschrank Platz für Neues, und verschenken Sie das, was Sie nicht mehr brauchen, an Hilfsbedürftige.

- Besuchen Sie eine Kirche oder Kathedrale.
- Besichtigen Sie ein Planetarium.
- Beschäftigen Sie sich mit einem Wunsch, den Sie noch nie zu äußern gewagt haben.
- Teilen Sie etwas, das Sie noch nie ausgesprochen haben, mit einem Menschen Ihres Vertrauens.
- Behalten Sie etwas Schönes – ein Erlebnis, einen Erfolg – eine Weile ganz für sich.
- Malen Sie ein Bild, oder fertigen Sie eine Collage an.
- Erlauben Sie sich, einen sentimentalen Film anzuschauen und dabei zu weinen.
- Gestatten Sie sich, Dinge zu tun oder zu lassen, die Sie sich Ihrem Partner zuliebe abgewöhnt haben.
- Tun Sie etwas, was Ihnen niemand zutrauen würde.
- Beschäftigen Sie sich mit etwas, das Sie gewohnt sind, als Aberglauben abzutun, etwa mit Ihrem Sternzeichen.
- Gestalten Sie einen festlichen Abend ganz für sich allein.

Worauf es bei allen diesen Vorschlägen ankommt, ist, daß wir Mut bekommen, den Freiraum zu nutzen, der sich uns jetzt eröffnet. Es geht zunächst noch nicht darum, klare Zielvorstellungen zu entwickeln und etwas Bestimmtes zu erreichen, wodurch wir uns schon wieder festlegen und eingrenzen würden. Zunächst einmal ist unser Anliegen das Erkunden neuer Bereiche und das Kennenlernen von Möglichkeiten, wie wir brachliegende oder neu heranreifende Aspekte unserer selbst mitleben lassen können. Der Verlust der Bindung und der alten Lebensform trägt ja auch die Chance in sich, alles noch einmal ganz anders anzugehen.

19. Flirten – der spielerische Kontakt

Langsam geht es uns wieder besser, eine schwierige Zeit liegt hinter uns. Manchmal haben wir geglaubt, wir schaffen es nicht, für uns wird es keinen neuen Frühling mehr geben. Doch eines Tages wachen wir auf und spüren: Es tut nicht mehr weh. Die düsteren Wolken in unserer Seele haben sich verzogen. Bedrückung und Trauer, Ängste und Schuldgefühle sind einer neuen Leichtigkeit gewichen. Wir können uns, zaghaft noch, unseres Lebens wieder freuen. Wenn am Morgen die Sonne zu unserem Fenster hereinlacht, fällt es uns wieder leichter, aufzustehen – ein frischer, neuer Tag liegt vor uns. Wer weiß, was er uns bringen wird?

Wir fühlen uns wohl in unserer Haut; unsere Sinne sind geschärft und tragen uns viele kleine erfreuliche Erlebnisse zu: Der dampfende Kaffee belebt uns; das Frühstücksbrot schmeckt wieder; der Oldie im Radio verlockt uns zum Mitsummen; die sanfte Berührung der Katze, die um unsere Fußknöchel streicht, ist angenehm wohlig. Warum heute nicht einmal etwas Rotes anziehen? Mit einer erwartungsvollen Lockerheit, gemischt mit ein klein wenig

Mutwillen, machen wir uns auf den Weg zur Arbeit. An der Straßenbahnhaltestelle stehen dieselben Menschen wie jeden Morgen, jeder für sich, mit verschlossenen Gesichtern. »Heute schon gelächelt?« würden wir sie gern fragen. Aber wir tun es nicht; wir wissen ja, was sich gehört.

Für unsere blitzblanke, nagelneue Lebensform brauchen wir auch eine neue Art der Kontaktaufnahme. Sie sollte zu unserer momentanen Situation passen, experimentierend, tastend, nicht zielgerichtet, leicht und locker sein. Diese leichtfüßige, spielerische Art, mit anderen Menschen Fühlung aufzunehmen, nenne ich »flirten«.

Vor einigen Jahren, als ich mit Menschen, die wieder eine Beziehung eingehen wollten, »Partnersuchseminare« durchführte, bin ich darauf gestoßen, daß vielen von uns diese heitere, vergnügliche Art, auf andere zuzugehen, fehlt. Ich entwickelte ein Kursusprogramm dafür, wie man das Flirten lernen kann. Es erfreut sich nach wie vor großer Nachfrage sowohl bei den Teilnehmern als auch in den Medien. Das Thema packte mich, und ich schrieb ein Buch darüber. Dabei wurde mir immer klarer, wie wichtig es gerade heute ist, in der Lage zu sein, auch einmal »unernst« und ohne etwas Bestimmtes zu beabsichtigen, anderen Menschen zu begegnen. Dieses »Spiel«, das wir überall, zu jeder Zeit und mit jedem spielen können, der sich dafür gewinnen läßt, genügt sich selbst und schenkt uns doch sehr viel wärmende Sicherheit in einem Alltag, der meist straff gespannt ist von Effizienzdenken – »Zeit ist

Geld«, »Was bringt mir das?« – und einer Jeder-für-sich-Mentalität – »Das ist doch dein Problem, was geht mich das an«.

»Müssen wir das lernen, ist es schon so weit mit uns gekommen?« fragen mich TV-Moderatoren und Zeitungsredakteure jedesmal und meinen wohl, wir seien heutzutage schon so »kontaktgestört«, daß wir nicht einmal mehr wissen, wie wir flirten sollen. Ich glaube, wir können es alle, aber wir haben es verlernt. Wir haben es nicht für wichtig gehalten und es deshalb nicht gepflegt, »einfach nur so« anderen Freundlichkeit zu schenken und auf unterhaltsame Art miteinander in Verbindung zu treten.

Solange wir mittendrin stecken in der Trauerphase, wird uns auch jeder Sinn für den leichten Umgang mit anderen Menschen fehlen. Aber wenn das Ärgste vorüber ist, wenn wir wieder zu uns selbst gefunden haben und wir dabei sind, neuen Lebensmut zu schöpfen, ist es an der Zeit, die Aufmerksamkeit auf den entspannten Umgang mit unseren Mitmenschen zu lenken. Deshalb scheint es mir ganz sinnvoll zu sein, in dieses Buch über die Trennungsproblematik ein Kapitel über das Flirten aufzunehmen. Auch hinsichtlich der Art, wie wir neue Erfahrungen mit anderen Menschen machen können, können Anregungen nicht schaden. Denn auch hier haben wir Freiräume bekommen, in denen wir experimentieren können.

Ich werde mich hier auf die Fragen beschränken: Was ist ein Flirt? Was ist dabei zu beachten? Wie können wir flirten üben? Welche Hindernisse sind dabei zu berücksichtigen?

Ihnen ist sicher schon aufgefallen, daß ich den Begriff »Flirt« weiter fasse, als es üblich ist. Meist verstehen wir darunter eine knisternde Situation zwischen zwei potentiellen Liebespartnern, zwischen zwei Menschen, die sich erotisch zueinander hingezogen fühlen.

Vielleicht würden wir ja gern die eine oder andere Flirtgelegenheit wahrnehmen, wenn wir wieder ein bißchen lebenslustiger in die Welt schauen. Aber wer ist dazu schon in der Lage, wer hat den Mut dazu, nach einer längeren Zeit des enthaltsamen Rückzugs auf sich selbst. Unsere Flirtfähigkeiten dürften ein wenig eingerostet sein; und wenn wir es in einer Flucht nach vorn einfach einmal darauf ankommen lassen, kann es leicht passieren, daß wir übers Ziel hinausschießen. Diese Erfahrung sollten wir uns momentan ersparen. Sie könnte unser gerade erstarkendes Selbstbewußtsein empfindlich treffen und uns im Hinblick auf unseren Wunsch, auf andere zuzugehen, entmutigen. Es ist in Ordnung, wenn Sie zur Zeit eine gewisse Hemmung gegenüber dem erotischen Pingpongspiel verspüren. Es ist sinnvoller, erst einmal mit unverfänglicheren, weniger aufregenden »Objekten« zu beginnen.

Als »Flirt« bezeichne ich jede Art von spielerischer, beschwingter, lebendiger Kontaktaufnahme mit anderen Menschen. Seine Bandbreite reicht vom freundlichen Blickkontakt mit fremden oder bekannten Menschen bis zum Spiel mit erotischen Andeutungen zwischen füreinander Infragekommende.

Ein Flirt kann nicht geplant werden, er passiert einfach, wenn die Bedingungen günstig sind und wir ihn zulassen können. Er verfolgt keine bestimmte Absicht, er genügt sich selbst. Darin unterscheidet er sich von etwas grobschlächtigeren Formen, miteinander in Fühlung zu kommen, wie etwa »Anmachen«, »Anbaggern«, »Aufreißen« oder gar »Abschleppen«. Da wird nämlich etwas Bestimmtes gewollt: die sexuelle Eroberung. Dagegen ist ein Flirt ein eher zartes Wechselspiel gegenseitiger Sympathie und Zuneigung, bei dem wir uns gegenseitig Streicheleinheiten zuwerfen. »Ich sehe dich und finde dich nett«, sagt der lächelnde Blick, den wir unserem Banknachbarn im Kursus über »Die Malerei der Moderne« schenken. »Danke schön. Es freut mich, daß du heute wieder da bist«, ist die wortlose Antwort.

Es gibt keine »heißen« Tips, keine Flirtregeln mit hundertprozentiger Erfolgsgarantie, aber es gibt Voraussetzungen für die unbefangene Kontaktaufnahme.

Zunächst ist ein gutes Selbstwertgefühl dabei von Vorteil. Das bedeutet, einverstanden zu sein mit uns selbst, so wie wir sind, und zu wissen, daß wir anderen Menschen etwas zu bieten haben. Dazu gehört, daß wir uns unserer Stärken bewußt sind und uns unsere Schwächen und kleinen Fehler nachsehen können. Niemand ist perfekt, aber jeder Mensch ist in seiner Eigenart und mit seiner ganz besonderen Lebensgeschichte einzigartig. Haben Sie sich schon einmal unter dem Blickwinkel betrachtet: »Ich bin ein interessanter Mensch«?

Auch das Vertrauen in die eigenen Fähigkeiten,

Kontakte herzustellen und sich in sozialen Situationen bewegen zu können, macht uns das Flirten leichter. Schließlich haben wir nicht auf einem einsamen Eiland gelebt, sondern sowohl flüchtige Bekanntschaften als auch dauerhafte Freundschaften geschlossen. Was kann uns noch schrecken, nachdem wir den Verlust des für lange Zeit wichtigsten Menschen bewältigt haben? Hierzu gehört auch das Vertrauen, daß wir Neues hinzulernen können.

Eine weitere Voraussetzung ist das Interesse an anderen, eine wohlwollende Neugier auch gegenüber Menschen, die die Welt ganz anders betrachten als wir selbst. Wenn wir uns unserer Selbst gewiß sind, können wir dem anderen die Chance geben, sich uns zu zeigen, und wir können geduldig zuhören, was er uns mitteilen möchte, ohne voreilige Schlüsse zu ziehen.

Zum Flirten brauchen wir genügend Mut und Risikobereitschaft, um trotz der Befürchtung, abgelehnt zu werden oder sich lächerlich zu machen, einen Blick zu wagen oder das Wort an einen Fremden zu richten.

Schließlich kommt ein Flirt nur zustande, wenn wir in einer entsprechend leichten, unbeschwerten Verfassung sind, ohne die wir weder eine Flirtgelegenheit wahrnehmen, noch es zulassen können, daß so etwas Kleines, Flüchtiges einfach beginnt und seinen eigenen Lauf nimmt. Hohe Erwartungen wie etwa »Das ist die Richtige, laß sie bloß nicht gehen« oder »Auf diesen Mann möchte ich unbedingt einen attraktiven Eindruck machen« beschweren den Flirt nur, und lassen ihn rasch untergehen wie eine bleierne Ente.

Wie können wir unsere Fähigkeiten in dieser Hinsicht verbessern? Wie können wir das Flirten üben? – Das wichtigste ist, zu flirten, wo sich uns nur eine Gelegenheit dazu bietet. Wie können wir sie aber erkennen? So schwierig ist das gar nicht, wenn wir mal vom »heißen« Flirt absehen. Viele Kursusteilnehmer, vor allem Männer, äußern die Vermutung, sie könnten Flirtsignale bei anderen nicht wahrnehmen.

Wenn wir uns zunächst nicht unter den Druck setzen, nur erotische Flirts zu üben, bietet jede Situation, in der wir zufällig mit anderen Menschen eine Weile zusammentreffen, reichlich Gelegenheiten, uns anderen freundlich anzunähern, zum Beispiel in einer Warteschlange in der Bank, vorm Kino, an der Supermarktkasse oder auf dem Bahnsteig. Aus der Situation heraus, die wir zwangsläufig miteinander gemeinsam haben, ergeben sich Anhaltspunkte, um ins Gespräch zu kommen. Nicht etwas besonders Geistreiches ist jetzt gefragt, sondern etwas, worauf der andere antworten kann. »Wann soll der Zug nun ankommen?« »Interessant, daß sie jetzt hier am Schalter eine Diskretionsschranke aufgebaut haben. Was soll man eigentlich zu verbergen haben?« »Bei diesem Andrang hier muß der Film wohl gut sein, was meinen Sie?«

Wenn wir selbst in der »richtigen« Verfassung sind, können wir unsere Antennen auf »Empfang« stellen und so erkennen, wer ebenso bereit ist, sich die Zeit mit einem angenehmen Geplänkel zu vertreiben. Es ist, wie wenn wir jemanden in einer fremden Stadt nach dem Weg fragen: Ohne groß nachzudenken, richten wir unsere Bitte an einen Menschen, der uns in irgendeiner Weise vermittelt, er könnte freundlich sein. Ein Blick, der den unseren nicht meidet, kann ein Hinweis darauf sein.

Es empfiehlt sich, bewußt Orte aufzusuchen, an denen wir mit Sicherheit auf andere Menschen treffen können und an denen solche Warteschleifen zu erwarten sind (siehe Kapitel 18). »Übung macht den Meister« heißt es auch hier, und je mehr wir dabei auf unsere eigene Art vertrauen, desto sicherer werden wir unseren persönlichen, unverwechselbaren Flirtstil entwickeln. Damit haben wir die größten Erfolgsaussichten, denn damit sind wir am überzeugendsten.

Was sind nun Hindernisse auf dem Weg zum geselligen, flirtfähigen Menschen?

Zu hoher Erwartungsdruck und starke Selbstzweifel, Streß und Anspannung, Sorgen und der sprichwörtliche »schlechte Tag«, der Nachhall eines unangenehmen Erlebnisses und eine beginnende Erkältung wirken als »Flirtkiller«. Wenn wir unter solchen Beeinträchtigungen stehen, sollten wir uns einen »flirtfreien« Tag gönnen.

Aber gegen andere Arten von Hindernissen beim Flirtenlernen läßt sich etwas unternehmen. Häufig stehen wir uns selbst im Wege, halten uns wegen unserer Befürchtungen und Ängste zurück. »Was sollen die anderen von mir denken, wenn ich den Mann da einfach anspreche«, »Was mache ich bloß, wenn sie mir die kalte Schulter zeigt«, »Ich werde bestimmt knallrot, wenn ich mich jetzt neben ihn setze.« Unsere größten Befürchtungen drehen sich um die Möglichkeit, aus der Rolle zu fallen, uns lächerlich zu machen und abgewiesen zu werden. Mit Menschen in Kontakt zu kommen, ist auch eine Rolle – die des geselligen Menschen. Die müssen wir in vielen Situationen erproben. Das wird uns mehr Sicherheit geben, aber auch dann werden wir nicht perfekt sein. »Wer nichts tut, kann auch nichts falsch machen«, heißt es. Aber was kann uns schlimmstenfalls passieren, wenn wir uns verhaspeln, ins Stottern oder Stolpern geraten? – Es liegt in unserer Entscheidung, ob die anderen mit uns oder über uns lachen.

Das wichtigste ist: Nehmen Sie es nicht persönlich. Bei Ihrem mißglückten Auftritt haben Sie ja nur einen ganz kleinen Teil von sich gezeigt. Wie können Sie da als ganzer Mensch betroffen sein? Und außerdem – die anderen Menschen denken sowieso, was sie wollen. Wenn wir schlecht gelaunt sind, betrachten wir die anderen ja auch durch unsere eigene Brille.

Wenn jemand auf unser Angebot einer freundlichen Kontaktaufnahme schroff ablehnend reagiert, hat das nichts mit unserem Wert zu tun. Wir kennen seine Motive nicht, fest steht nur, dieser Mensch kann unser Geschenk jetzt nicht annehmen. Es gibt wahrscheinlich eine Million Gründe, weshalb jemand nicht auf ein gutgemeintes Flirtangebot eingehen kann. Die meisten Menschen freuen sich darüber und machen mit. Aber niemand ist sicher vor einem Korb. Das heißt, wir müssen alle lernen, möglichst schnell über solche Mißerfolgserlebnisse hinwegzukommen.

Eine weitere, unsere Initiative hemmende Sorge kann die sein, in was wir möglicherweise hineingeraten, wenn wir in aller Harmlosigkeit einen zarten

Flirtanfang machen. Wer weiß, was dieser Mensch sich dann davon verspricht? Das weiß er nur selbst. Wir sollten uns aber im klaren darüber sein, daß ein Flirt keine trüben Absichten verfolgt und zu nichts verpflichtet. »Wer A sagt, muß auch B sagen«, wird hier gelegentlich als Trick angewandt, um uns dazu zu bringen, mehr zu geben, als wir gewillt sind. Wir haben aber zu jeder Zeit die Möglichkeit, uns wieder zurückzuziehen, wenn uns ein ungutes Gefühl beschleicht.

Flirten macht Spaß. Es bereichert unseren Alltag und macht die Atmosphäre um uns herum ein klein wenig wärmer. Wir fühlen uns gleich ein bißchen heimischer in dieser manchmal kalten und unwirtlichen Wirklichkeit. Schon ein winziger Flirt hinterläßt in uns ein kleines inneres Leuchten. Ein Mensch hat auf unsere Freundlichkeit geantwortet.

20. Neues Leitbild der Partnerschaft

Die meisten Menschen fühlen sich auf Dauer als Alleinlebende nicht wohl. Auch wenn es bei uns immer mehr Single-Haushalte gibt, und auch wenn manch einer nach den Erfahrungen mit einer oder mehreren Lebensgemeinschaften »nie wieder« sagt, zeigt es sich doch immer wieder, daß es sich dabei nur um die zweitbeste Lösung handelt. So ganz zufrieden sind wir nicht, wenn wir in ein menschenleeres Heim zurückkehren und wenn wir immer erst einmal aktiv werden müssen, jemanden anrufen oder uns langfristig verabreden müssen, falls wir nicht allein essen wollen.

Es hat ohne Frage Vorteile, wenn wir tun und lassen können, wonach uns der Sinn steht, ohne uns vor jemandem rechtfertigen zu müssen. Wir können nachts um eins noch bügeln oder jede freie Minute mit einem neuen Hobby verbringen. Dennoch berichteten mir fast alle – auch die anscheinend »überzeugten« – Alleinlebenden, daß sie etwas in ihrem Leben vermissen. Da ist eine Sehnsucht, sich jemandem zugehörig zu fühlen und sich umfassender, als das mit Freunden möglich ist, mitzuteilen.

Für einen Bummel über den Flohmarkt läßt sich immer jemand gewinnen. Auch für ein Gespräch darüber, wie wir uns in einer beruflichen Frage entscheiden sollen, wird sich eine gute Freundin als aktive Zuhörerin zur Verfügung stellen. Aber nachdem wir uns in unserer neuen Lebensform einigermaßen eingerichtet haben, wird der Wunsch nach einer neuen, nahen Partnerschaft sich immer wieder einmal melden. Es ist in Ordnung, allein zu leben, aber es wäre doch schöner, sich in einer intimen Beziehung geborgen fühlen zu können.

Unsere immer komplizierter werdende Umwelt erfordert von uns in hohem Maße die Fähigkeit, mit Veränderungen fertig zu werden. Wahrscheinlich ist es für viele von uns notwendig, mehr als einmal einen Wechsel der Lebensform vorzunehmen. Es geht nicht um die Alternative, entweder dauerhaft allein oder »bis daß der Tod uns scheidet« in einer Paarbeziehung zu leben. Wenn eine Verbindung zu einem Menschen endet, mit dem wir gehofft hatten, alt zu werden, heißt das nicht, daß wir zur Partnerschaft nicht taugen oder daß diese Lebensform für uns nicht das richtige ist. Es bedeutet nicht mehr und nicht weniger, als daß diese Unternehmung nicht »für immer« war. Vielleicht ist es notwendig, daß wir noch einmal eine Weile ganz für uns sind; vielleicht müssen wir uns bestimmten Bereichen unseres Lebens mit großer, alles andere ausschließender Konzentration und ganzer Kraft widmen. Es kann auch sein, daß wir uns zu früh gebunden und dabei bestimmte Lebensaufgaben nicht selbst gelöst, sondern an unseren Partner abgegeben haben.

Mit dem Ende einer Liebesbeziehung haben wir die vertraute Art, unser Leben zu gestalten, aufgegeben. Nachdem wir akzeptiert haben, daß es kein Zurück gibt, haben wir uns wohl oder übel dem vor uns liegenden freien Feld zugewandt. Zuerst ist es uns wohl noch sehr leer und öde vorgekommen. Es hat ein Weilchen gedauert, bis wir erkannten, daß keine dürre Wüste um uns war, sondern Brachland mit vielen Möglichkeiten zu neuem Wachstum. Wir entdeckten, daß hier und da, zunächst noch klein und zart, sich neues Leben regte. Manche Formen und Arten kannten wir noch gar nicht, und wir machten uns auf, sie kennenzulernen und uns um günstige Wachstumsbedingungen für sie zu kümmern.

Diese Aufgaben haben uns eine Zeitlang ganz in Anspruch genommen. Doch jetzt spüren wir, es ist soweit, wir brauchen einen neuen Rahmen und eine Vorstellung davon, was dieses Feld auf längere Sicht hervorbringen soll. Soll es ein riesiger Blumengarten werden oder ein Getreidefeld? Wollen wir seltene Pflanzen dort züchten? Können wir in dieser Aufgabe so sehr aufgehen, daß uns zum Wohnen das provisorische Einmannzelt reicht? Oder wollen wir ein festes Haus darauf bauen?

Wenn sich in uns die Sehnsucht nach einem »Du« wieder regt, nach einem Menschen, der auf uns antwortet, sollten wir sie ernst nehmen. Vielleicht versuchen wir anfangs noch, diesen Wunsch in uns zum Schweigen zu bringen; schließlich sind wir »ein gebranntes Kind«. Aber je sicherer wir uns in unserem Alleinleben werden, desto häufiger kommt uns auch der Gedanke: »Wie wäre es . . . «

Falls wir auf diese Anzeichen für neue Bindungslust nicht eingehen, kann es uns passieren, daß sie sich »selbständig« macht und uns plötzlich in eine Verliebtheit hineinstürzen läßt. Stehen wir dann immer noch eigensinnig auf dem Standpunkt, daß wir uns diesen Gefühlsschlamassel ersparen wollen, dann ist eigentlich eine unglückliche Liebesbeziehung vorprogrammiert. Dann wirken sich nämlich sowohl unsere Sehnsucht nach einer Beziehung als auch unsere Gegenwehr aus.

Günstiger ist es, wenn wir unsere Wünsche als etwas Wertvolles und in die Zukunft Weisendes wahrnehmen und liebevoll annehmen. Unsere Abneigung dagegen hat zum einen etwas mit unserer verständlichen Sorge zu tun, erneut enttäuscht und verletzt zu werden. Zum anderen spielt dabei eine Rolle, daß wir deutlich spüren, wir sind längst über die vergangene Beziehung hinausgewachsen. Aber das ist es eben: Diese Art von Beziehung wäre nicht mehr passend für uns. Wir brauchen ein neues Leitbild für eine Partnerschaft, die uns jetzt angemessen wäre. Das alte Bild setzt sich aus vielen Komponenten zusammen: all unseren Erfahrungen, die wir jemals mit nahen Beziehungen gemacht haben, unsere Hoffnungen und Enttäuschungen, das, was wir unerwartet bekommen haben, und das, was wir immer vergeblich gesucht haben. Es trägt aber auch Aspekte in sich, die wir bei anderen Paaren beobachtet oder in Büchern und Filmen gefunden haben. Dieses Bild will genau angeschaut werden, damit es unsere Suche leiten kann.

Zu diesem Zweck empfiehlt sich eine Übung, in der

wir visualisieren, also uns bildhaft vorstellen, wie es wäre, wenn wir jetzt in einer uns erfreuenden und zufriedenstellenden Paarbeziehung leben würden. Dazu sollten wir uns etwas Zeit nehmen und uns an einem ruhigen Ort – im Sitzen oder im Liegen – entspannen.

Während Sie auf Ihren Atem achten, der immer ruhiger und gleichmäßiger wird, lassen Sie die Gedanken und Sorgen des Alltags an sich vorbeiziehen. Halten Sie sie nicht fest. Spüren Sie, wie die Unterlage, auf der Sie ruhen, Sie trägt. Stellen Sie sich vor: Sie leben bereits eine Weile mit einem geliebten Menschen zusammen. Lassen Sie die Bilder und Empfindungen sich einstellen. Versuchen Sie, nicht darüber nachzudenken. Lassen Sie einfach kommen, was kommen will. Beobachten Sie nur. Was spüren Sie in Ihrem Körper? Löst sich etwas in Ihrer Brust oder in Ihrem Bauch? Oder verkrampft sich da etwas? Fühlen Sie sich wohl in Ihrer gemeinsamen Wohnung? Wie sieht es dort aus? Ist es Tag oder Abend? Scheint die Sonne gerade, oder verbreitet nur eine Lampe einen anheimelnden Schein? Wie sieht Ihr Alltag aus? Überlassen Sie sich Ihren Einfällen. Versuchen Sie, nicht zu zensieren. Wie fühlen Sie sich an der Seite dieses Menschen? Sind Sie hier gut aufgehoben? Oder werden Sie unruhig? Wie reagiert Ihre Familie, wie Ihr Freundeskreis auf diese Verbindung?

Wenn Sie den entspannten Zustand wieder verlassen haben, wäre es gut, aufzuschreiben, was Sie erlebt haben. Haben Sie etwas Beengendes gespürt oder war da eine vertrauensvolle Behaglichkeit, in der Sie sich wohlig gehenlassen konnten? Falls Sie eher negative Empfindungen hatten, ist zu fragen, ob Sie im Moment nicht eher dazu neigen, noch eine Weile für sich zu bleiben. Wenn Sie sich jedoch eher angenehm berührt fühlen, sollten Sie das Erlebte beim Schreiben noch vertiefen, es weiter ausspinnen. Schämen Sie sich nicht. Es ist sinnvoll, in der Phantasie Zukünftiges zu entwerfen. Haben Sie keine Angst davor, das Bild in kräftigen Farben auszumalen. Lassen Sie jetzt Ihren kritischen Verstand einmal beiseite. Welche Art von Leben haben Sie sich vorgestellt? Haben Sie sich gesehen, wie Sie beide einer interessanten Arbeit nachgehen, sich am Abend treffen und über Ihre Erlebnisse austauschen? Oder haben Sie einen Partner, mit dem Sie gemeinsam etwas aufbauen? Oder waren Sie ganz miteinander beschäftigt, haben Sie sich im Arm gehalten und gemeinsam Musik gehört? Vielleicht ist Ihnen die Vorstellung angenehmer, in zwei verschiedenen Wohnungen zu leben, in denen Sie sich, sooft Sie wollen, besuchen können.

Wiederholen Sie diese Übung öfter. Beschäftigen Sie sich mit diesen erfreulichen Gedanken. Gewöhnen Sie sich daran, Ihren Beziehungswunsch für realisierbar zu halten. Wenn wir ein Ziel verwirklichen wollen, müssen wir daran glauben.

Wenn Ihnen das Tagträumen nicht liegt, oder ergänzend zu dieser Visualisierungsübung, sollten Sie darüber nachdenken und aufschreiben, welche Art von Partnerschaft Sie sich als angenehm und bereichernd vorstellen können. Hier sollten Sie auch Ihre Erfahrungen ausdrücklich berücksichtigen.

Vielleicht fällt Ihnen als erstes ein, was Sie unter keinen Umständen noch einmal mitmachen wollen und worauf Sie auf keinen Fall verzichten möchten. Wenn Sie mehrmals erlebt haben, daß vielversprechend beginnende Beziehungen nach kurzer Zeit zerbrachen, könnte die Frage naheliegen, ob sich da immer wieder Ähnliches abgespielt hat. Haben Sie den Eindruck, Sie wählen mit großer Treffsicherheit immer wieder den »falschen« Partner? Haben Sie sich immer nur zu auffallend attraktiven Frauen hingezogen gefühlt, um die Sie jeder andere Mann beneidete? Waren es stets die Männer mit dem tragischen Zug, von denen Sie sich angesprochen fühlten? Und gerieten Sie früher oder später immer wieder in die unglückliche Situation, in der Sie das Gefühl hatten, Ihre Liebe sei nicht viel wert, für den anderen eher eine Last oder etwas Lästiges?

Schauen Sie sich um: Gibt es in Ihrer Umgebung Vorbilder? Kennen Sie Paare, die mit ihrer Beziehung zufrieden sind? Vielleicht konnten Sie bei langjährigen Freunden beobachten, wie sie schwierige Lebenslagen zusammen bewältigt haben und dabei gemeinsam gewachsen sind. Ich meine nicht die wasserdichten, »harmonischen« Ehen, bei denen man nie so recht weiß, wie es hinter der Fassade aussieht, sondern Beziehungen zwischen Menschen aus Fleisch und Blut, bei denen es auch einmal kracht, die sich aber offensichtlich wohlgesonnen sind und miteinander im lebendigen Gespräch bleiben.

Was suchen wir in einer intimen Partnerschaft? Wir brauchen einen Menschen, zu dem wir uns zugehörig fühlen können und mit dem uns gegenseitige

Fürsorglichkeit verbindet, dessen Werte wir teilen können und an dessen Wachstum und Wohlergehen uns ebenso gelegen ist wie an unserem eigenen. Wir wünschen uns Liebe und Zärtlichkeit, Nähe und Wärme, Sexualität und Freude, Verständnis, Anteilnahme und Geborgenheit.

In einer nahen Beziehung kann sich in den vielen kleinen Begegnungen und Auseinandersetzungen des Alltags Vertrauen entwickeln. Wir brauchen Vertrauen in das Wohlwollen des anderen, wenn wir uns ihm jenseits aller Rollen und ohne Maske zeigen wollen, mit unseren Ängsten und Zweifeln, unseren Freuden und unserem geheimen Stolz. Wenn wir uns mehr und mehr einlassen auf diesen Menschen, können wir auf vielen Ebenen Verbindungen miteinander anknüpfen und es zulassen, Kritik und Anregungen auszutauschen, ohne in unserer Eigenständigkeit gekränkt zu werden. Der Prozeß der gemeinsamen Beziehungsentwicklung erfordert Geduld und Toleranz, die wir miteinander und aneinander lernen können.

21. Die Suche nach dem angemessenen Partner

Vor welchen konkreten Problemen stehen Menschen, die längere Zeit in einer engen Partnerschaft gelebt haben, sich trennten und nun wieder einen Partner suchen?« – Diese Frage nahm ich vor einigen Jahren zum Ausgangspunkt für ein Seminar, in dem ich mit Singles zusammenarbeiten wollte, die mit dem Gedanken spielten, sich erneut zu binden.

Ich bin vielen Frauen und Männern begegnet, die Erfahrungen mit einer Ehe oder Lebensgemeinschaft gemacht hatten, die nur von vorübergehender Dauer gewesen war. Sie hatten die Krise der Trennung bewältigt und die Umstellung auf das Alleinleben geschafft. Manche schienen sich ganz wohl zu fühlen mit einem Lebensstil, der einen großen Bekannten- und Freundeskreis und die Pflege vieler verschiedener Freizeitaktivitäten notwendig macht – weil einem sonst »die Decke auf den Kopf fällt« und man sich sehr einsam fühlen kann. Sie schätzten die positive Seite dieses Lebensstils, der es auch ermöglicht, mehr als Paare das tun, den Kontakt zu vielen verschiedenen Menschen und Gruppen zu suchen und am öffentlichen und kulturellen Leben teilzunehmen. Andere schienen resigniert zu haben und richteten sich wohl oder übel darauf ein, daß sie fortan allein ihre Kreise ziehen würden. In tiefer gehenden Gesprächen zeigte es sich jedoch, daß die meisten eine glückliche Partnerschaft vorziehen würden. »Aber«, so fragten sie, »wie soll ich einen Menschen kennenlernen, der zu mir paßt?«

Die »erste Runde« der Partnersuche verläuft bei den meisten von uns ganz unbefangen. Sobald wir uns für Vertreter des anderen Geschlechts zu interessieren beginnen, ergeben sich in der Regel auch Gelegenheiten, miteinander in Kontakt zu kommen. Mit sechzehn, achtzehn, zwanzig Jahren halten wir uns häufig in Gruppen Gleichaltriger auf, die ähnliche Interessen verfolgen. In der Schule und beim Sport, in der Jugendgruppe und beim Kneipenbummel, in der Tanzschule und in der Disco, in der Ausbildung und beim Studium – überall treffen wir auf junge Leute, die mit der Partnersuche ebenfalls experimentieren. Das Beziehungskarussell beginnt sich zu drehen. Und irgendwann wird etwas »ernster«, wir ziehen mit unserem Freund, unserer Freundin zusammen in eine Wohnung, manche heiraten. Die Lebensgewohnheiten ändern sich, berufliche Ziele und Familiengründung rücken in den Vordergrund, und andere Formen der Geselligkeit entstehen.

Wenn diese, vielleicht Jahre dauernde Beziehung endet, hat sich vieles verändert. Unser Umfeld bietet uns nicht automatisch wieder zahlreiche Möglichkeiten für neue »Paarungsexperimente«. Am Arbeitsplatz haben wir es vielleicht nur mit ein paar Kollegen und Kolleginnen zu tun; die sind aber alle »in festen Händen« oder kommen aus anderen Gründen nicht in Frage. Der Freundeskreis besteht vielleicht zunächst nur aus Paaren und Familien. Wenn wir nach einer Weile Anschluß finden an »Single«-Kreise, dann scheint sich darin oft ein ungeschriebenes Gesetz auszuwirken, und zwar, daß untereinander keine festen Beziehungen eingegangen werden.

Wir können jetzt auch nicht einfach wieder da anfangen, wo wir damals, bevor wir unseren ehemaligen Partner trafen, aufgehört haben. Es ist zwar ganz interessant und von großem nostalgischen Wert, wieder einmal die alte Studentenkneipe zu besuchen; aber dort treffen wir wahrscheinlich nicht auf einen potentiellen Liebes- und Beziehungspartner für uns.

Wir sind mittlerweile dreißig, vierzig, fünfzig Jahre alt. Wir haben bereits eine Strecke Leben hinter uns, haben Erfahrungen gemacht und sind »wer« geworden – ein Mensch mit ausgeprägteren Eigenschaften und Vorstellungen. Wir sind jetzt nicht mehr so flexibel und anpassungsfähig, so weich und formbar wie als ganz junger Mensch. Unsere Erfahrungen mit anderen und mit uns selbst haben uns zu diesem ganz besonderen und einzigartigen Menschen gemacht. Auch unsere Erwartungen und Wünsche an eine neue Partnerschaft haben sich geändert. Vielleicht sind wir desillusioniert, skeptischer und vorsichtiger. Sicherlich sind unsere Ansprüche an eine Partnerschaft differenzierter und realistischer geworden, und was wir uns davon wünschen, hat sich konkretisiert. Auf jeden Fall kann die »zweite Runde« der Suche nach einem angemessenen Partner nicht mehr so unbefangen und wie selbstverständlich ablaufen wie die erste.

Mir schien, daß viele Probleme bei der erneuten Partnersuche in solchen allgemeinen Bedingungen liegen und nicht, wie der einzelne oft meint, nur in seinem persönlichen Schicksal und in seinem »schwierigen« Charakter. Deshalb habe ich auch keine Selbsterfahrungsgruppe zu diesem Thema angeboten, sondern ein Seminar, in dem wir gemeinsam nach Lösungsmöglichkeiten für ein ziemlich häufiges Problem suchen könnten.

Mein Gedanke war: Es müßte doch möglich sein, das, was als Hindernis auf dem Weg zu einer neuen Zweisamkeit erscheint, nutzbar zu machen für eine bewußte, uns angemessene Wahl. Die wichtigsten Anhaltspunkte, die wir in den zahlreichen, seitdem abgelaufenen »Partnersuchseminaren« erarbeitet haben, möchte ich hier zusammenfassen.

Ein Aspekt, der die erfolgreiche Suche erschwert, ist die Ambivalenz, über die viele Kursusteilnehmer berichteten. Einerseits möchten wir gern eine neue Partnerschaft eingehen, andererseits ist da aber dieser große Zweifel, ob wir den »richtigen« finden werden oder ob die »guten« Kandidaten nicht schon längst alle vergeben sind. Oft stellte es sich heraus, daß bereits einige Anläufe unternommen worden waren, etwa durch Kontakte über Inserate, doch dann hatte man sich rasch wieder zurückgezogen, als es nicht »gefunkt« hatte. Häufig war auch einer beginnenden Bekanntschaft gar keine Chance gegeben worden, sich zu entfalten. Vorsicht und eine Neigung zu kritischer Prüfung des anderen hatte eine unbefangene Begeisterungsfähigkeit überdeckt.

Um »fündig« werden zu können, müssen wir es wirklich wollen und daran glauben, daß wir wieder eine liebevolle und uns bereichernde Beziehung eingehen werden. Nicht unbedingt heute und wahrscheinlich auch nicht morgen – aber mit großer Wahrscheinlichkeit im Verlauf des nächsten Jahres. »Die wichtigste Voraussetzung, eine zufriedenstellende, befriedigende Beziehung zu finden, ist es, eine zu wollen – von ganzem Herzen, ehrlich, ernsthaft, zielbewußt und ohne Vorbehalt«, bemerkt die amerikanische Autorin Susan Page dazu. Für jeden von uns gibt es »da draußen« mehrere Menschen, die zu uns passen würden und mit denen wir eine vielseitige, dauerhafte Beziehung gestalten können. Es gibt nicht nur den »one and only« für uns.

Wenn wir demgegenüber skeptisch sind, sollten wir unsere Gründe genauer untersuchen: Bin ich jetzt noch nicht bereit, mich wieder zu binden? Gibt es etwas, das ich zuerst noch erledigen muß, das meine Zeit und Energie für eine Weile noch vollkommen in Anspruch nehmen wird, etwa berufliche Ziele? Habe ich Ängste und Befürchtungen, mit denen ich mich noch nicht genug auseinandergesetzt habe? – Vielleicht habe ich die Sorge, ich könnte wieder »danebengreifen«, die verkehrte Wahl treffen. Oder ich befürchte, ich könnte meine so schwer erworbene Selbständigkeit wieder verlieren. Oder ich habe einfach Angst davor, was auf mich zukommen könnte, wenn ich auf neue Menschen zugehe.

Wir können nicht mit völliger Sicherheit voraussehen, wie sich unsere Suche gestalten wird. Wesentlich ist, daß wir wissen, was wir wollen. Die Übung im vorigen Kapitel hat uns in mehr oder weniger deutlichen Umrissen das Bild unserer zukünftigen Partnerschaft vor Augen geführt. Mit Sicherheit gehört dazu der Aspekt, daß wir darin im großen und ganzen bleiben können, wie wir sind.

Ein weiterer Schritt, bevor wir uns auf die Suche begeben, besteht darin, daß wir uns darüber Gedanken machen, wen wir eigentlich suchen wollen. Wie soll unser zukünftiger Partner aussehen? Welche Eigenschaften wünschen wir uns bei ihm oder ihr? Es hat sich bewährt, ein »Anspruchsprofil« zu erstellen:

Nehmen Sie sich genug Zeit dafür. Schreiben Sie auf, mit welchem Menschen Sie gern eine nahe Verbindung eingehen möchten. Alter und Beruf, äußere Erscheinung und Bildungshintergrund, Charaktereigenschaften und Interessen, Religionszugehörigkeit und Wertvorstellungen – alles, was Ihnen einfällt, sollten Sie aufschreiben. Wie ist es zum Beispiel mit dem Wunsch nach Kindern? Könnten Sie es sich vorstellen, mit einem Mann oder einer Frau mit Kindern aus einer früheren Ehe zusammenzuleben? Sie werden vermutlich erstaunt sein, wie differenziert Ihre Vorstellungen schon sind, ohne daß Sie erst viel darüber nachdenken müssen. Wenn Sie Ihre Liste sich auf fünf Seiten haben ausbreiten lassen, sollten Sie sie noch einmal durchgehen. Wahrscheinlich ist nicht alles gleich wichtig für Sie. Kennzeichnen Sie die Aspekte, auf die Sie auf keinen Fall verzichten möchten.

Wenn wir selbst schon zu einem bestimmten Menschen geworden sind, ist es natürlich schwieriger, einen passenden Partner zu finden, als wenn wir noch offen und frei für die Formung durch die Beziehungen zu anderen sind. Deshalb ist es notwendig, viele Menschen kennenzulernen. Nur so können wir die Wahrscheinlichkeit erhöhen, Menschen mit ähnlichen Wertvorstellungen, Interessen und Neigungen zu treffen, die auf gleicher »Wellenlänge« mit uns sind.

Unter Menschen zu gehen in der Absicht, nach einem potentiellen Partner Ausschau zu halten, fällt am Anfang nicht leicht. Es empfiehlt sich, »Suchstrategien« zu berücksichtigen. Für manche Menschen ist es einfacher, etwas Neues anzufangen, wenn sie sich einen Plan dafür zurechtlegen. Wir sollten überlegen, wieviel Zeit wir im Monat für Aktivitäten investieren wollen, bei denen wir neue Menschen kennenlernen können. Vielleicht mögen wir einmal im Monat oder einmal in der Woche einen »Forschungstag« einlegen, einmal irgendwohin gehen, wo wir noch nicht waren. Gehen Sie die Suche auf breiter Basis an. Es stimmt nicht, daß man an Partnerschaft Interessierte nur über Heiratsanzeigen oder in Kneipen kennenlernen kann.

Nutzen Sie die Möglichkeiten, die Ihre Arbeit oder Ihre Freizeitaktivitäten zu bieten haben. Es kann sein, daß Sie bereits ein Hobby haben, das Sie mit vielen Menschen in Kontakt bringen kann. Vielleicht sind Sie ja Mitglied in einem Sportklub, haben aber bisher dessen gesellige Angebote noch nicht wahrgenommen. Im Tennisklub oder im Fitneßstudio werden ab und zu auch Feste gegeben. Gehen Sie hin.

Wenn Sie in einem größeren Betrieb beschäftigt sind, gibt es dort wahrscheinlich auch eine Kantine. Auch wenn Ihnen das Essen da nicht so sehr zusagt, gewöhnen Sie sich an, dort mindestens einmal wöchentlich Ihre Mittagspause zu verbringen. Gemeinsam zu essen, ist auch ein geselliger Akt; und oft bilden sich am Mittagstisch Gruppen von Mitarbeitern aus verschiedenen Abteilungen zu vergnügten Runden. Nehmen Sie auch an Betriebsfeiern und Veranstaltungen des Betriebsrates teil. Seien Sie überall dabei.

Unser soziales Netz, unser Freundes- und Bekanntenkreis, auch die Familie kann uns mit neuen Menschen in Kontakt bringen. Wenn wir für uns selbst den Entschluß gefaßt haben, uns umzusehen, können wir auch den Menschen, denen etwas an uns liegt, mitteilen, daß wir jetzt wieder »so weit« sind und noch einmal Ausschau halten wollen nach einem passenden Pendant. Unsere Freunde sind bestimmt gerne bereit, uns Menschen vorzustellen, die ebenfalls wieder auf der Suche sind. Sie haben wahrscheinlich Bekannte, die wir noch nicht kennen, diese können wiederum jemanden zu einem Fest mitbringen und so weiter. Es ist auch leichter, in vertrauter Umgebung mit einem Unbekannten ins Gespräch zu kommen, als einen Wildfremden anzusprechen.

Fragen Sie Ihre Freunde auch, wie sie zueinander

gefunden haben; die meisten Menschen erzählen gern davon. Auf diese Weise bekommen Sie weitere Anregungen, was Sie sonst noch unternehmen können. Nutzen Sie auch die Vorschläge im Kapitel »Auf ein neues«.

Eine Hürde ist die Frage: Wie komme ich mit anderen in Kontakt? Wir sollten uns Zeit lassen und nicht gleich zuviel von uns verlangen. Wir brauchen einfach wieder eine Weile, bis wir genügend Sicherheit im Umgang mit fremden Menschen gewonnen haben, um uns unbefangen auf eine Plauderei einzulassen, und dabei auch noch einzuschätzen, ob wir uns gern mit ihm verabreden möchten. Vielleicht brauchen wir erst einmal eine Vorlaufphase, eine Zeit, in der wir uns Gelegenheit geben, Small talk zu üben. Wir werden sicher enttäuscht werden, wenn wir an einem Samstagabend zu einem Fest bei Freunden gehen und uns zum Ziel setzen, dort mit jemandem eine Verabredung für die nächsten Tage zu treffen. Wir sind entspannter, wenn wir in kleinen Schritten vorgehen und erst einmal versuchen, mit jemandem, den wir noch nicht kennen, ins Gespräch zu kommen.

Am Anfang meinen viele Menschen, sie seien allein verantwortlich dafür, wie sich die Unterhaltung entwickelt, und treten in einem Redeschwall die Flucht nach vorn an. Auf diese Art erfährt man allerdings recht wenig vom anderen. Ein Kontakt entsteht immer von zwei Seiten. Wenn wir auf jemanden zugegangen sind und das Gespräch eröffnet haben, können wir ihm die Chance geben, darauf zu antworten. Gelingt es uns, uns aufeinander einzustellen? Finden wir ein gemeinsames Thema, bei dem jeder von uns die Gelegenheit hat, ein bißchen von sich selbst zu zeigen? Oder bleibt das Gespräch auf der Ebene bloßer Formeln und wird immer langweiliger? Wir müssen keine Kurzbiographie von uns geben, um etwas von unserer Eigenart zum Ausdruck zu bringen. Auch belanglose Themen wie das Wetter oder die Frage, in welchem Verhältnis wir zur Gastgeberin stehen, ermöglichen es, etwas von uns selbst zu erzählen.

»Ich habe Ingrid in einem Kochkursus für italienische Küche kennengelernt« – eine derartige Aussage bringt uns darauf, über unsere letzte Reise nach Italien zu plaudern. Dann stellt sich vielleicht heraus, daß unser Gesprächspartner auch schon einmal dort war, und wir erfahren etwas über seine Lebensweise, zum Beispiel, ob er gern reist. Wenn wir uns sympathisch sind, ergibt sich mit dem Vorschlag, gemeinsam dieses neue italienische Restaurant zu besuchen, von dem wir gehört haben, ganz unverkrampft eine Verabredung.

Wir müssen dann nicht den ganzen Abend miteinander verbringen. Ein erstes Treffen sollte nicht länger als zwei Stunden dauern. Das muß man nicht ankündigen, es reicht, wenn wir uns selbst darüber im klaren sind. In den meisten Fällen werden wir dann genug vom anderen erfahren haben, um zu wissen, ob wir einander näher kennenlernen oder ob wir es bei diesem einen Mal belassen wollen.

Was wir suchen, unseren Wunsch nach einer verbindlichen Beziehung und unsere Vorstellung davon, mit wem wir sie gern beginnen möchten, haben wir sozusagen im Hinterkopf. Aus diesem Blickwinkel betrachten wir den Menschen, dem wir da gegenübersitzen. Wenn er ebenfalls bereit für eine Beziehung und ernsthaft auf der Suche ist, wird sich das sehr schnell zeigen.

Wir werden es aber auch bemerken, wenn er jemand ist, der bloß Abwechslung sucht. Hier sollten wir auf keinen Fall Kompromisse machen. Selbst wenn der andere unser »Traummann« zu sein scheint – bis auf den kleinen »Schönheitsfehler«, verheiratet zu sein –, sollten wir uns nach diesem Abend freundlich, aber bestimmt von ihm verabschieden.

Das hier ist nicht die einzige und letzte Chance vor der großen Dürre. Eine Verabredung ist nicht zwangsläufig der Beginn einer Beziehung. Auch wenn wir in anderer Hinsicht ein »komisches Gefühl« haben, sollten wir nicht einem weiteren Treffen zustimmen, nur weil wir meinen, den anderen nicht kränken zu dürfen. Dies ist erst der Anfang, und wir werden noch viele Gelegenheiten haben, neue Menschen kennenzulernen. Es ist notwendig, zu einigen »nein« zu sagen, um dann zu dem, den wir wirklich wollen, mit ganzem Herzen »ja« sagen zu können.

22. Schlußbetrachtung

Ein schwieriger Weg liegt hinter uns, wenn wir die Trennung einer wichtigen, ursprünglich auf Dauer angelegten Beziehung im Trauerprozeß bewältigt haben. Wir haben einiges verloren: einen Menschen, der uns einmal nahegestanden hat, und die Zukunftsperspektiven, die wir gemeinsam hatten. Vieles davon wird mit keinem anderen Menschen mehr möglich sein. Einiges wird sich auf andere Art verwirklichen lassen. Auch wenn es uns anfangs so schien, als hätten wir »ein für allemal die Nase voll« von »Beziehungskisten«.

Wir haben gelernt, uns mit einem schwerwiegenden Verlust abzufinden und zu akzeptieren, daß etwas, das vielleicht als lebenslängliche Verbindung gemeint war, nach mehr oder weniger kurzer Zeit an ein Ende gekommen ist. Dann haben wir erlebt, wie wir von heftigen Gefühlen in Aufruhr versetzt wurden, so daß uns manchmal Hören und Sehen verging. Dennoch haben wir irgendwie unseren Kurs beibehalten. Wir haben unsere Fähigkeit kennengelernt, Leiden zu ertragen und manches für eine Weile in der Schwebe zu halten. Es ist uns gelungen, noch einmal von vorn anzufangen und allein zu leben – und dabei haben wir manches Neue kennengelernt. Wir haben experimentiert und ein paarmal uns und unseren Alltag neu geordnet. Jetzt sind wir wieder bereit, uns mit allen Ungewißheiten festzulegen auf eine andere Art von Bindung.

Der Bewältigungsprozeß hat uns an die Grenzen unserer seelischen Belastbarkeit geführt; er hat uns aber auch unsere Stärke erfahren lassen. Wir sind jetzt unserer selbst bewußter, und wir wissen deutlicher, was wir wollen.

Literatur

Bach, George R./Wyden, Peter: Streiten verbindet. Spielregeln für Liebe und Ehe, Frankfurt/M. 1992

Canacakis, Jorgos: Ich sehe deine Tränen. Trauern, Klagen, Leben können, Stuttgart 1987

Franß, Marie-Louise von: Der Individuationsprozeß, in: C.G. Jung: Der Mensch und seine Symbole, Olten 1984

Fromm, Erich: Die Kunst des Liebens, Frankfurt/M. 1978

Gaier, Otto G.: Der Riß geht durch die Kinder. Trennung, Scheidung und wie man Kindern helfen kann, München 1991

Grunert, Ursula: Der Selbstdialog im Selbstmitleid, in: Psyche 7, Stuttgart 1988

Hamburger, Regina: 1 × 1 des Flirtens, Düsseldorf 1993

Hamburger, Regina: Aller Liebe Anfang, Düsseldorf 1994

Jaeggi, Eva/Hollstein, Walter: Wenn Ehen älter werden. Liebe. Krise. Neubeginn, München 1989

C.G. Jung: Die Ehe als psychologische Beziehung, in: Grundwerk C.G. Jung Bd. 9, Olten 1985

Kast, Verena: Paare. Beziehungsphantasien oder: Wie Götter sich in Menschen spiegeln, Stuttgart 1985

Kast, Verena: Trauern. Phasen und Chancen des psychischen Prozesses, Stuttgart 1987

Kast, Verena: Der schöpferische Sprung. Vom therapeutischen Umgang mit Krisen, München 1989

Keen, Sam: Feuer im Bauch. Über das Mann-Sein, Bergisch Gladbach 1992

König, Karl: Kleine psychoanalytische Charakterkunde, Göttingen 1993

Lüders, Wolfram: Symbiose und Separation, in: Psyche 29 (12/75), Stuttgart 1975
Oldham, John M./Morris, Lois B.: Ihr Persönlichkeitsporträt. Warum Sie genau so denken, lieben und sich verhalten, wie Sie es tun, München 1994
Page, Susan: Ich finde mich so toll – Warum bin ich noch Single? 10 Strategien, die Ihr einsames Dasein dauerhaft beenden, Zürich 1990
Schellenbaum, Peter: Das Nein in der Liebe. Abgrenzung und Hingabe in der erotischen Beziehung, München 1986
Schmidbauer, Wolfgang: »Du verstehst mich nicht.« Die Semantik der Geschlechter, Reinbek bei Hamburg 1991
Sheehy, Gail: In der Mitte des Lebens. Die Bewältigung vorhersehbarer Krisen, München 1989
Sills, Judith: Liebe nach dem ersten Blick. Handbuch für Romantiker, Hamburg 1989
Skogemann, Pia: Weiblichkeit und Selbstverwirklichung. Die Individuation der Frau heute, München 1988
Sullivan, Harry Stack: Die interpersonale Theorie der Psychiatrie, Frankfurt/M. 1983
Viorst, Judith: Mut zur Trennung. Menschliche Verluste, die das Leben sinnvoll machen, Hamburg 1989
Watzlawick, P./Weakland, J.H./Fisch, R.: Lösungen. Zur Theorie und Praxis menschlichen Wandels, Stuttgart 1988
Willi, Jürg: Zweierbeziehung, Reinbek bei Hamburg 1986
Willi, Jürg: Ko-Evolution. Die Kunst gemeinsamen Wachsens, Reinbek bei Hamburg 1989
Wolf, Doris: Wenn der Partner geht . . . Wege zur Bewältigung von Trennung und Scheidung, Mannheim 1987
Zimbardo, Philip G.: Nicht so schüchtern! So helfen Sie sich aus Ihrer Verlegenheit, München 1991

ECON SACHBUCH

Jürgen Fliege
Komm und folge deinem Herzen
Von der Kanzel zur Kamera
TB 26373-0

»Ich gehe ins Fernsehen, um die Menschen zu verändern.«. Offen und ehrlich erzählt Jürgen Fliege, warum er von der Kanzel seiner Kirche vor die Kamera gegangen ist. Er hat sich von den vielen Schwierigkeiten und Anfeindungen nicht entmutigen lassen, denn im Gegensatz zu vielen anderen Talkmastern ging es ihm nie um die bloße Show. Jürgen Fliege, der engagierte Christ, benutzt das Fernsehen, um den Menschen nah zu sein und sie zu bestärken, ihren eigenen Weg zu finden.

Das eindringlichste und persönlichste Buch des von Millionen geliebten Talkmasters.

ECON TASCHENBÜCHER

ECON